⠓⠁ ⠵⠕⠗⠝⠄ ⠦

⠠⠅⠕⠍⠍⠂

⠺⠊⠗ ⠵⠕⠛⠝⠄ ⠦

⠠⠎⠊⠑⠀⠁⠝⠄

일러두기
- 이 책에서 소개하는 종목은 패럴림픽 기준을 따랐습니다. 장애인 스포츠 대회마다 종목이나 스포츠 등급에 차이가 있을 수 있음을 참고하시기 바랍니다.
- 2020 도쿄 패럴림픽과 2022 항저우 장애인 아시안게임은 코로나19로 인해 각각 2021년과 2023년에 개최되었습니다. 이 책에서는 문맥에 따라 '2020 도쿄 패럴림픽'과 '2021년 도쿄 패럴림픽', '2022 항저우 장애인 아시안게임'과 '2023년 항저우 장애인 아시안게임'으로 표기하였습니다.

올림픽이 끝나면
패럴림픽이 시작됩니다

김양희 지음

텔레비전에 안 나오는
장애인 선수들의 패럴림픽 이야기

| 추천사 |

도전의 빛,
패럴림픽의 감동

    2024 파리 패럴림픽대회는 단순한 스포츠 대회를 넘어, 장애인체육의 새로운 역사를 쓴 무대였습니다. 모든 경기는 관중들의 열띤 응원 속에서 펼쳐졌고, 선수들의 땀과 눈물이 더해지며 더욱 빛났습니다. 대한민국 선수단은 금메달 6개, 은메달 10개, 동메달 14개라는 놀라운 성과를 이루며 국가의 위상을 한층 높였습니다. 이 모든 결과는 선수들의 열정과 노력, 코치진의 헌신, 그리고 국민들의 뜨거운 응원이 만들어낸 값진 결실이었습니다.

    이 책은 바로 그 감동의 순간들을 생생히 담아냅니다. '올림픽은 영웅을 탄생시키고, 패럴림픽은 영웅이 출전한다'는 말처럼, 패럴림픽의 영웅들은 장애를 넘어 도전과 성취를 이뤄냈습니다. 조정두 선수는 사격을 통해 세상 밖으로 나와 첫 금메달을 획득하며 가족에게 특별한 선물을 전했습니다. 김황태 선수는 유일하게 양팔 없이 트라이애슬론에 도전해 목표했던 완주를 이뤄냈고, 그의 용기는 불가능은 없다는 희망의 메시지가 되었습니다. 보치아 정호원 선수는 다섯 번째 출전에서 8개의 메달을 수확하며 대한민국 보치아의 10회 연속 금메달 신화를 이끌었습니다. 이들의 고된 훈련의 결과와 놀라운 집중력은 경이로움을 선사하며 우리 모두에게 깊은 감동과 영감을 주었습니다.

2024 파리 패럴림픽대회는 모든 이들에게 축제와도 같았습니다. 선수들의 열정과 환희는 단순한 스포츠를 넘어, 인간이 가진 무한한 가능성을 보여주었습니다. 이 책은 그러한 패럴림픽의 진정한 가치를 단순한 경쟁의 장이 아니라, 삶의 의미를 일깨워주는 특별한 무대로 묘사합니다. 이 책을 통해, 그리고 다양한 미디어를 통해 더 많은 사람들이 장애인체육의 진정한 가치에 공감할 수 있길 바랍니다.

김양희 기자님께서 기록한 이 이야기가 더 많은 선수들이 꿈을 이루는 계기가 되고, 우리 사회가 더욱 포용적이고 희망적인 방향으로 나아가는 데 기여하길 진심으로 기대합니다.

2024 파리 패럴림픽대회에서 함께한 모든 순간은 저에게도 영원히 잊지 못할 소중한 기억으로 남았습니다. 이제 이 책을 통해 그 특별한 감동을 독자 여러분들과 나누고 싶습니다.

2024 파리 패럴림픽대회 대한민국 선수단장,
BDH재단 이사장 **배동현**

| 프롤로그 |

몸은 불편하지만
불행하지는 않은 곳, 파리

프랑스 파리 라데팡스 아레나에서 열린 2024 파리 패럴림픽 수영 남자 50m 배영 예선전. 국가대표 조기성 선수는 경기 후반, 천천히 헤엄치며 물 위에 떠 있었다. 경기를 포기한 것은 아니었다. 나중에 그는 이렇게 말했다.

이렇게 큰 메가 이벤트에서 더 많은 것을 눈에 담아가려고 노력했어요. 그래서 최대한 오래 수영장에 머무르고자 했지요. 또 환호성이 좋지 않나요? 저에게는 이번 패럴림픽이 세 번째인데, 2021년에 치러진 2020 도쿄 패럴림픽은 코로나19로 관중이 없었고, 3관왕을 했던 2016 리우 패럴림픽 때보다 이번에 더 큰 함성을 받았어요. 덕분에 좋은 기억을 갖고 한국에 돌아갈 수 있을 것 같아요.

함성, 그랬다. 파리 패럴림픽에서는 어느 경기장에서나 환호가 넘쳤다.

파리 시내 알렉상드르 3세 다리 인근, 트라이애슬론 경기를 위해 도로가 통제되었지만, 수천 명의 관중은 불평 없이 사이클과 달리기를 응원하며 우렁찬 박수를 보냈다. 장애를 극복하며 싸우는 선수들에게 조금이라도 더 힘을 실어주려는 마음이었다.

경기장 분위기는 축제 그 자체였다. 자원봉사자들은 음악에 맞춰 춤을 추었고, 장내 아나운서는 분위기를 고조시켰다. 밝은 에너지로 가득 찬 공간에서 선수들이 모두 퇴장할 때까지도 박수는 멈추지 않았다.

남자 탁구 결승전에서는 우크라이나 빅토르 디두크 Viktor Didukh 선수가 한 다리와 한 팔로 싸우는 중국 선수와 풀 세트 접전 끝에 승리했다. 관중들은 일제히 기립 박수를 보내며 그의 성과를 축하했다. 전쟁의 포화 속에서 이룬 그의 성과에 대한 존경심의 표현이었다. 디두크 선수는 우크라이나 국기를 몸에 두르고 퇴장하며 눈물을 훔쳤다. 그에게 보내진 우렁찬 박수는 감동의 눈물로 바뀌었다.

가장 큰 함성이 터져 나온 곳은 조기성 선수가 세 차례

나 물살을 가른 라데팡스 아레나였다. 최대 1만 3,000여 명의 관중이 몰렸고, 1등보다 꼴찌에게 더 큰 박수를 보냈다. 관중들은 마지막 10m를 남기고 한 손으로, 또는 사지 없이 몸통과 허리의 힘만으로 나아가는 선수들과 함께 호흡하며 완주를 응원했다. 선수들이 마지막으로 터치 패드를 찍을 때는 우레와 같은 함성이 쏟아졌다. 그들이 물 위에서 외롭지 않게 싸움을 이어갈 수 있었던 이유이자, 조기성 선수가 조금 더 유영하고 싶었던 이유였다.

파리는 특별했다. 올림픽 때도 그랬지만, 패럴림픽 때도 경기장에선 틈만 나면 샹송 〈오 샹젤리제〉가 울려 퍼졌다. 파리를 상징하는 노래이기도 한 이 곡은 '샹젤리제 거리는 맑든 비가 오든, 낮이든 밤이든 원하는 모든 것을 다 얻을 수 있는 곳'이라고 노래한다. 패럴림픽 개막식 때 각국 선수들이 샹젤리제 거리를 거쳐 콩코르드 광장으로 입성한 것은 그래서 더 의미가 있었다. 몸은 비록 불편하지만 불행하지는 않은 곳, 그곳이 바로 파리였다.

2024년 8월 28일부터 9월 8일까지 12일 동안 파리에는 육체적·정신적 결핍에도 희망을 말하는 사람들이 있었다.

그리고 그들의 희망을 응원하는 사람들이 있었다. 희망을 주는 이도, 희망을 얻는 이도 '사람'이었다.

장애인 선수들은 우리에게 물음표를 던졌다. "그래서 당신은? 우리가 사투를 벌이고 있는 지금, 당신은 무엇을 하고 있나요?"라고.

이 책은 이런 물음에 대한 나의 소박한 대답이다.

우리나라는 2024 파리 패럴림픽 총 22개 종목 중 17개 종목에 83명의 선수를 파견해 금메달 6개, 은메달 10개, 동메달 14개로 전체 참가국 169개국 중 22위를 기록했다. 참가 선수가 없는 종목은 아직 국내에서 장애 선수들의 활동이 두드러지지 않은 종목이다.

이런 이유로 이 책에서는 하계 패럴림픽 종목 중 14개 종목의 선수들을 인터뷰하며 소개했다. 나머지 종목에서도 곧 우리 선수들의 적극적인 참여와 활약이 펼쳐지길 바라본다.

김양희

| 차례 |

추천사 **도전의 빛, 패럴림픽의 감동** 5

프롤로그 **몸은 불편하지만 불행하지는 않은 곳, 파리** 8

PART 1 패럴림픽, 이 정도는 알아야죠

- 올림픽이 끝나면 패럴림픽이 시작된다 17
- 1988 서울 패럴림픽이 쏘아올린 장애인체육의 새로운 길 28

PART 2 다시 뛰는 패럴림픽의 뜨거운 심장들

1. **보치아** | 서민규 • 정호원 35
2. **골볼** | 국가대표팀 52
3. **배드민턴** | 유수영 • 정겨울 61
4. **카누** | 최용범 73
5. **사격** | 유연수 • 이장호 • 조정두 81
6. **수영** | 조기성 97
7. **탁구** | 윤지유 105

8. **태권도** | 주정훈 114

9. **휠체어테니스** | 김명제 122

10. **휠체어펜싱** | 권효경 • 조은혜 130

11. **육상** | 윤경찬 142

12. **휠체어농구** | 최요한 151

13. **트라이애슬론** | 김황태 159

14. **역도** | 김규호 167

PART 3 세계가 주목한 선수들

- 브라질 수영 선수 **가브리엘지뉴** 177

- 아프가니스탄 출신 난민 태권도 선수 **자키아 쿠다다디** 181

- 미국 메이저리그 야구 선수 **짐 애벗** 186

에필로그 "왜 패럴림픽은 올림픽처럼 안 해요?" 190

PART 1

패럴림픽,

이 정도는

알아야죠

올림픽이 끝나면
패럴림픽이 시작된다

장애인올림픽? 패럴림픽?

'패럴림픽(Paralympics)'은 하반신 마비를 뜻하는 그리스어 'Paraplegia'와 '올림픽(Olympics)'을 합쳐 만든 말이다. 초기에는 신체장애를 가진 선수들을 위한 대회로 시작되었지만, 이후 의미가 확장되며 '평행'을 뜻하는 영어 단어 'Parallel'에서 비롯된 의미도 더해졌다. 여기서 '평행'은 올림픽과 패럴림픽이 나란히 열린다는 뜻을 담고 있다.

우리나라에서 처음에는 '장애인올림픽'이라는 표현이 널리 사용되었으나, 이는 대회를 올림픽의 부속 행사로 보는 인식을 바꾸기에는 한계가 있었다. '장애인올림픽'이라는 이름은 장애만 강조해 대회의 독립적 성격이나 선수들의 뛰어난 성과를 충분히 드러내지 못한다는 지적이 있었다.

이러한 이유로 '패럴림픽'이라는 이름이 쓰이게 되었다. 이 이름은 장애가 있는 선수들이 올림픽과 동등한 무대에서 경쟁하며 그들의 노력과 성취를 제대로 보여주고자 하는 의지를 담고 있다. 이로써 그들의 성과와 열정을 널리 알릴 수 있게 되었다.

패럴림픽은 이제 올림픽과 나란히 하는 국제대회로 자리 잡았다. 전 세계의 장애인 선수들이 모여 경쟁하며 뛰어난 운동 능력을 펼치는 무대가 된 것이다. 이 대회는 장애를 이겨내고 한계를 넘어선 선수들의 열정과 실력을 세계 무대에서 빛낼 기회를 주었다.

하지만 이런 의미 있는 대회임에도 '패럴림픽'이라는 이름조차 모르는 사람들이 많은 게 현실이다. 다행히 패럴림픽을 통해 장애인 스포츠의 가치와 아름다움을 알아가는 사람들이 점점 늘고 있다. 하지만 더 많은 이들이 이를 알고 즐길 수 있는 세상을 만드는 일은 아직 우리에게 남은 과제라 하겠다. 모두가 평등한 기회를 누릴 수 있도록 더 따뜻한 관심과 노력이 필요하다.

길지 않은 패럴림픽 역사

패럴림픽의 역사는 장애인 스포츠의 발전과 함께 성장해 왔다. 그 시작은 2차 세계대전 이후로 거슬러 올라간다. 당시 나치 독일에서 영국으로 망명한 신경외과 의사 루드비히 구트만Ludwig Guttmann 박사는 척추 손상으로 하반신이 마비된 영국 퇴역 군인들을 치료하면서 스포츠의 힘에 주목하게 된다.

그는 환자들의 신체적 어려움과 우울감을 극복시키기 위해 1948년 런던 올림픽 개막에 맞춰 16명의 휠체어 선수가 참가하는 양궁 대회를 열었다. 이 대회는 '스토크맨더빌 대회'로 불리며 패럴림픽의 시작이 되었는데 1952년에 네덜란드 퇴역 군인들이 참가하면서 국제적인 대회로 발전했다.

패럴림픽이라는 이름이 공식적으로 사용된 것은 1960년 이탈리아 로마 대회부터다. 이 대회는 23개국에서 400여 명의 선수가 참가하면서 제1회 공식 패럴림픽으로 인정받았다. 이후 패럴림픽은 올림픽과 같은 해, 같은 도시에서 열리며 본격적인 국제 스포츠 대회로 자리 잡았다.

1976년 캐나다 토론토에서 열린 패럴림픽은 특별한 전환점을 맞았다. 40개국에서 1,600여 명의 선수가 참가했는데,

이 대회부터 장애 유형과 상관없이 더 많은 선수들이 함께 하게 되었다. 덕분에 대회의 의미와 참가 선수의 폭이 넓어지게 되었다.

1988년 서울 올림픽은 패럴림픽 역사에 큰 변화를 불러왔다. 이 대회부터 패럴림픽이 올림픽 직후 같은 도시, 같은 경기장에서 열리기 시작했고, 덕분에 더 많은 사람들이 패럴림픽을 가까이에서 접할 수 있게 되었다. 그리고 2001년에는 국제패럴림픽위원회(IPC)와 국제올림픽위원회(IOC)가 두 대회를 함께 개최하기로 협정을 맺으면서 그 의미를 더욱 깊게 했다.

1976년 스웨덴에서 열린 첫 동계 패럴림픽도 1992년 알베르빌 대회부터는 같은 방식으로 열리기 시작했으며, 이러한 변화는 패럴림픽의 위상을 높이고 장애인 스포츠의 가치를 전 세계에 알리는 데 큰 역할을 했다. 이제 패럴림픽은 단순히 장애인 선수들을 위한 대회를 넘어 전 세계가 함께 즐기고 공감하는 스포츠 축제로 자리 잡게 된 것이다.

올림픽이 끝나면, 패럴림픽은 시작되고

패럴림픽은 올림픽이 끝난 뒤 약 2주 정도의 간격을 두고 같은 도시, 같은 경기장에서 열린다. 2주라는 시간은 패럴림픽을 준비하고 시설을 조정하는 데 필요한 시간이다. 패럴림픽과 올림픽은 같은 시설을 사용하지만, 장애인 선수들이 편안하게 경기에 참여할 수 있도록 하기 위해서는 약간의 변화가 필요하다. 예를 들어, 휠체어를 사용하는 선수들을 위해 램프를 설치한다거나, 시각장애인 선수를 위한 안내 시스템을 추가하는 등 섬세한 준비가 필요한 것이다. 이러한 작업은 단순한 시설 변경을 넘어, 선수들이 자신의 기량을 마음껏 발휘할 수 있는 환경을 만드는 데 중요한 역할을 한다.

패럴림픽이 올림픽 직후에 열리게 된 것은 여러 가지 긍정적인 변화를 가져왔다. 먼저, 두 대회가 밀접하게 연결되면서 더 많은 사람들이 장애인 스포츠에 관심을 갖게 되었다. 올림픽의 감동이 채 가시기 전에 패럴림픽이 열리기 때문에 자연스럽게 관심이 이어지고, 장애인 선수들의 놀라운 열정과 실력을 가까이에서 볼 수 있는 기회가 늘어났다. 이를 통해 패럴림픽은 장애인 스포츠의 매력을 많은 사람들에게 알리는 중요한 무대가 되었다.

또한 같은 도시에서 열리기 때문에 이미 준비된 경기장과 시설을 그대로 사용할 수 있어서 효율적이다. 선수들이 경기를 펼칠 경기장과 관람객을 맞이할 공간, 방송 장비 등 필요한 모든 준비가 이미 되어 있어 준비 시간이 줄고 비용도 절약된다. 이런 점은 패럴림픽을 더 많은 나라와 도시에서 개최할 수 있게 만드는 데 큰 도움이 되었다.

패럴림픽이 올림픽 직후 열리게 되면서 관중과 미디어의 관심도 크게 늘었다. 올림픽의 열기가 남아 있는 상태에서 이어지다 보니 더 많은 사람들이 패럴림픽 경기를 보게 되고, 미디어도 자연스럽게 장애인 스포츠를 다루는 시간이 많아졌다. 이렇게 패럴림픽은 단순히 일부 장애인을 위한 대회가 아니라, 전 세계가 함께 즐기고 감동을 나누는 축제가 되었다.

장애인 선수라면 누구나 패럴림픽?

패럴림픽은 장애가 있는 다양한 선수들이 참여하는 대회이지만, 장애가 있다고 해서 다 참여할 수는 없다. 청각장애가 있는 선수들은 데플림픽(Deaflympics), 발달장애가 있는 선수들은 스페셜 올림픽(Special Olympics)에 참가하고 있다. 이는 각각의 대회가 선수들에게 필요한 환경과 조건에 맞게 설계되어 있기 때문이다.

　패럴림픽에 참가하려면 근육손상, 관절장애, 팔다리 결핍, 다리 길이 차이, 키가 작은 장애, 균형 문제, 근육경직, 뇌 손상, 시각장애, 지적장애 중 하나에 해당되어야 한다. 근육손상은 근육이 제대로 작동하지 않거나 힘을 내기 어려운 상태를 뜻하며, 척수손상이나 근이영양증* 같은 경우를 포함한다. 팔다리 결핍은 팔이나 다리가 일부 또는 완전히 없는 경우를 말하며, 태어날 때부터 결핍이 있었거나 사고로 발생할 수 있다. 시각장애가 있는 선수는 가이드 러너나 파일럿의 도움을 받아 경기에 참여한다.

　패럴림픽은 모든 선수가 공정하게 경쟁할 수 있도록 장애 유형과 정도에 따라 스포츠 등급을 나누어 경기를 진행한다. 이는 비슷한 조건을 가진 선수들끼리 실력을 겨룰 수 있도록 돕기 위해서이다. 하지만 일부 선수들이 성적을 높이기 위해 장애의 정도를 과장하는 일이 생기기도 한다. 이러한 부정행위는 엄격히 금지되며, 공정한 대회를 위해 철저히 검증하고 관리한다.

* **근이영양증** 근육의 운동기능을 약화시키고 운동 능력을 방해하는 근육병증이다.

패럴림픽은 장애를 뛰어넘는 선수들의 노력과 열정을 세상에 알리는 무대로, 모두가 평등한 기회를 가질 수 있도록 계속 발전하고 있다.

올림픽과 패럴림픽을 넘나든 선수들

패럴림픽이 생기기 전에도 장애가 있는 선수들이 올림픽 무대에 도전한 일이 있었다. 가장 처음 기록된 선수는 독일계 미국인 체조 선수 조지 아이저[George Eyser]이다. 그는 1904년 세인트루이스 올림픽 때 한쪽 다리에 의족을 착용한 상태로 참가해 금메달 3개를 포함해 총 6개의 메달을 땄다. 평행봉, 로프 클라이밍, 도마 등 여러 종목에서 빼어난 실력을 보여준 그는 장애가 있는 선수도 비장애인 선수들과 경쟁할 수 있음을 증명했다.

헝가리 출신 사격 선수 카롤리 타카츠[Károly Takács]도 감동적인 도전으로 주목받았다. 그는 훈련 중 사고로 오른손을 잃었지만, 왼손으로 사격을 할 수 있도록 끊임없이 노력했다. 결국 1948년과 1952년 올림픽에서 금메달을 따내며 장애를 극복한 의지의 상징으로 남았다.

또한 하반신 마비가 있었던 뉴질랜드 네롤리 페어홀[Neroli

Fairhall은 장애인 양궁 선수로는 처음으로 1984년 로스앤젤레스 올림픽에 출전해 많은 사람들에게 용기를 주었다. 헝가리 펜싱 선수 팔 세케레시Pál Szekeres는 1988년 서울 올림픽에서 메달을 딴 뒤 교통사고로 장애가 생겼지만, 이후 1992년 바르셀로나 패럴림픽 휠체어펜싱에 도전해 여러 차례 금메달을 따며 새로운 역사를 썼다.

청각장애가 있는 테렌스 파킨Terence Parkin 선수는 2000년 시드니 올림픽 평영 종목에서 은메달을 땄으며, 이후 데플림픽에서도 29개의 금메달을 차지했다. 다만, 청각장애는 패럴림픽 출전이 불가능하기에 데플림픽에서 활약을 이어가야 했다.

패럴림픽에서는 장애인 선수들과 비장애인 선수들이 함께 팀을 이루기도 한다. 2012년 런던 패럴림픽에서 영국의 사이클 선수 크레이그 매클린Craig MacLean은 시각장애인 선수 앤서니 카프스Anthony Kappes와 텐덤사이클 종목에 출전했다. 텐덤사이클은 두 사람이 함께 자전거를 타는 종목으로, 앞자리에 앉은 비장애인 파일럿이 방향을 조정하고, 뒤에 탄 시각장애인 선수가 페달을 밟는다. 두 사람은 멋진 호흡으로 금메달을 따냈는데, 이 대회부터 파일럿에게도 메달을 수여하기 시작했다.

이처럼 두 무대에서 한계를 뛰어넘은 선수들은 스포츠가 단순한 경쟁을 넘어 삶을 바꾸는 힘이 될 수 있음을 증명했다. 그들의 이야기는 많은 이들에게 새로운 도전을 꿈꾸게 하고, 가능성의 경계를 넓히는 용기를 선물했다.

함께하는 도전, 패럴림픽의 특별함

스포츠는 누구에게나 공평하다. 장애가 있든 없든, 뛰어난 기술과 열정 그리고 팀워크로 모두를 매료시키는 힘이 있다. 패럴림픽의 종목들은 다른 어떤 스포츠와 다르지 않으며, 그 역동성과 감동을 온전히 느낄 수 있는 무대이다. 선수들이 보여주는 놀라운 실력과 열정은 스포츠의 본질이 무엇인지를 다시금 깨닫게 한다. 패럴림픽은 그 자체로 스포츠의 진정한 가치를 증명하며, 이를 통해 더 많은 사람들이 함께 즐기고 응원할 수 있는 장을 열고 있다.

특히, 패럴림픽에서는 올림픽에서는 볼 수 없는 독창적인 종목들이 주목받는다. 골볼과 보치아는 장애가 있는 선수들이 자신의 잠재력을 마음껏 펼칠 수 있도록 만들어진 특별한 경기이다.

골볼은 시각장애인을 위해 고안된 스포츠로, 제2차 세계대전 이후 재활 치료의 하나로 시작되었다. 선수들은 공 안에 들어 있는 방울 소리로 공의 위치를 파악하며 오직 청각과 촉각에 의지해 공을 던지고 막는다. 이 경기에서는 관중조차도 숨죽이고 경기를 지켜보며, 한순간도 긴장의 끈을 놓을 수 없다.

보치아는 중증 뇌성마비나 신체장애가 있는 선수를 위한 종목이다. 단순한 공놀이가 아니라 섬세한 기술과 전략적 판단이 요구되는 스포츠로, 공의 움직임에 따라 분위기가 완전히 달라지기 때문에 뛰어난 몰입감과 긴장감을 준다.

골볼과 보치아를 비롯한 패럴림픽 종목들은 장애를 넘어선 선수들의 열정과 실력을 보여주며, 관중들에게 스포츠의 진정한 재미와 감동을 선사하고 있다.

패럴림픽이 더 널리 알려지고 더 많은 사람들이 함께 즐길 수 있기를 바란다. 텔레비전 중계와 다양한 미디어를 통해 패럴림픽의 매력과 감동이 전해진다면, 이 특별한 종목들도 더 많은 사랑을 받을 것이다. 패럴림픽은 '포용과 평등'을 이야기하는 데 그치지 않고 스포츠의 힘으로 모두가 함께 즐기고 성장할 수 있는 문화를 만들어가고 있다.

1988 서울 패럴림픽이 쏘아올린 장애인체육의 새로운 길

함께 뛴 우리 장애인체육의 성장 이야기

우리나라 장애인체육의 변화는 1988년 서울 패럴림픽에서 시작되었다. 이 대회는 올림픽과 패럴림픽이 같은 해, 같은 도시, 같은 경기장에서 열린 첫 사례로, 우리나라가 전 세계에 장애인 스포츠의 가능성을 보여준 중요한 순간이었다.

대회가 끝난 뒤, 남은 기금으로 한국장애자복지체육회가 설립되었지만, 당시 장애인체육은 여전히 재활과 복지의 연장선으로 여겨졌고, 체육 활동보다는 복지 서비스에 가까운 모습이었다. 장애인 선수들을 위한 전문적인 훈련 환경은 부족했고, 체육은 장애인을 위한 단순한 지원의 한 부분으로 취급되었다.

그러나 장애인 선수의 인식은 조금씩 변하고 있었다. 그들은 자신들이 단순히 복지 혜택을 받는 대상이 아니라, 진정한 스포츠인으로 인정받기를 원했다. 이 변화의 물결은 2000년대에 접어들며 점차 힘을 얻었다. 올림픽과 패럴림픽을 함께 개최하기로 한 국제적 변화는 국내 장애인체육에도 영향을 주었다. 선수들이 더 나은 환경에서 훈련하고, 스포츠를 통해 자신을 증명할 수 있도록 해야 한다는 공감대가 생겨나기 시작했다.

그럼에도 현실은 여전히 어려웠다. 당시 장애인체육은 보건복지부 소관이었고, 다른 복지 사업들과 함께 예산을 배정받다 보니 체육 활동이 우선순위에서 밀리는 일이 잦아졌다. 이러한 한계를 극복하기 위해 선수들과 관계자들은 장애인체육이 복지의 틀을 넘어 독립된 체육 분야로 자리 잡아야 한다는 요구를 꾸준히 이어갔다.

결정적인 변화는 2004년 아테네 패럴림픽 이후 찾아왔다. 장애인 선수들은 훈련 시설의 부족과 준비 과정에서의 어려움을 직접 호소하며 목소리를 높였다. "우리도 비장애인 선수들과 같은 조건에서 훈련받고 싶다"는 외침은, 이제는 장애인체육을 새로운 시각으로 바라봐야 할 때임을 분명히 했다. 이에 정부는 장애인체육을 보건복지부에서 문화관광부(현재 문화체육관광부)로 이관했고, 드디어 장애인체육이 독립된 체육 분야로 자리 잡는 전환점을 맞았다.

이후 변화는 가속화되었다. 2005년에는 장애인체육을 전문적으로 지원하기 위해 '대한장애인체육회'가 설립되었고, 종목별 경기 단체들과 지역 장애인체육회가 안정적인 지원을 받을 수 있는 기반이 마련되었다. 체계적인 훈련 환경도 빠르게 개선되었다. 경기도 이천에 선수촌이 세워져 선수들은 더욱 전문적인 시설에서 훈련할 수 있게 되었고, 새로운 훈련 시설이 지속적으로 추가되면서 발전을 이어갔다.

또한, 2008년부터는 장애인 선수들이 비장애인 선수들과 동일한 대우를 받을 수 있도록 포상 규정도 크게 개선되었다. 메달을 딴 선수들에게는 연금 포인트가 부여되고, 일정 기준 이상이 되면 정기적으로 연금을 받을 수 있게 되었다. 이러한 변화는 선수들의 사기를 높였을 뿐만 아니라, 장애인체육에 대한 관심을 크게 끌어올리는 계기가 되었다.

우리나라 장애인체육은 이제 단순한 복지 활동을 넘어, 선수들에게는 자부심과 도전의 무대가 되고, 국민에게는 스포츠의 진정한 가치를 보여주는 장이 되었다. 이 모든 변화는 선수들의 끊임없는 노력과 목소리, 이를 응원한 사회의 관심 덕분에 가능했다. 앞으로도 장애인체육이 더 많은 사랑과 응원을 받으며 함께 성장해 나가기를 기대한다.

스포츠의 본질, 도전

한국보건사회연구원의 2023년 조사에 따르면, 우리나라 장애인의 88.1%가 후천적으로 장애가 생겼다고 한다. 익숙했던 몸을 잃고 새로운 몸으로 살아가야 하는 현실은 누구에게나 낯설고 고통스러운 일일 것이다. 하지만 스포츠는 그들에게 다시 일어설 용기를 선물했다. 이천선수촌에서 만난 선수들 역시 입을 모아 말했다. 한때 멈춰 섰던 삶이 스포츠를 통해 다시 움직이기 시작했다고. 그들은 장애가 분명 불편함을 주지만, 그것이 곧 불행을 뜻하지는 않는다는 사실을 몸소 증명하고 있었다.

우리 모두의 삶에는 크고 작은 절망이 있다. 장애를 안게 된 이들의 절망도 그중 하나일 뿐이다. 누구에게나 닥칠 수 있는 절망이기에, 그들의 고통이 특별하다고만 볼 수 없다. 그러나 절망을 딛고 다시 일어서는 모습은 분명 특별하다. 그들은 우리가 잊고 있던 가능성과 희망을 보여준다.

장애인 스포츠를 특별하게 대하거나 지나치게 과장된 태도로 바라볼 필요는 없다. 패럴림픽을 포함한 장애인 스포츠도 공정한 규칙과 승부가 있는 수많은 스포츠 중 하나일 뿐이다. 이들 역시 다른 선수들과 마찬가지로 정정당당하게 경기에 임하며, 치열한 경쟁 속에서 자신의 한계를 넘어선다. 그들이 보여주는 도전과 승리는 스포츠 본연의 아름다움을 다시금 깨닫게 해준다.

절망 속에서 다시 세상 밖으로 나온 이들의 이야기는 많은 것을 말해준다. 패럴림픽에서 도전을 이어가는 선수들 중에는 목표를 이루지 못한 이들도 있고, 성공을 거머쥔 이들도 있다. 하지만 그들의 도전은 또 다른 열정을 만들어내고, 성공은 더 큰 희망을 만들어간다. 그들의 경기를 지켜보다 보면 '장애'라는 틀은 어느새 사라지고, 치열한 경쟁 속에 서 있는 한 인간의 모습만 보인다.

이들은 단지 장애가 있는 선수가 아니다. 뜨거운 열정으로 스포츠에 모든 것을 건 선수일 뿐이다. 그들의 도전은 누구에게나 찾아올 수 있는 절망 속에서도 새로운 희망을 찾을 수 있음을 우리에게 보여준다. 그리고 우리는 그들의 다음 도전을 기대하며 진심으로 응원한다.

PART 2

다시 뛰는 패럴림픽의 뜨거운 심장들

1. 보치아

1984 뉴욕-스토크맨더빌 패럴림픽에서 정식종목 채택

> "한 단계, 한 단계 올라갈수록
> 욕심이 많아져요."

보치아 국가대표
서민규
@seo_minkyi

 서민규 선수는 뇌병변장애를 갖고 태어났다. 어린 시절 그의 세상은 병원과 치료실이 전부였다. 하지만 초등학교 1학년 때 처음 만난 보치아는 그의 세상을 완전히 바꾸어 놓았다. 특수반 선생님의 권유로 시작한 보치아는 이미 병원 치료사에게 한번 들어본 적이 있던 터라 자연스럽게 관심을 끌었다. 처음엔 낯설고 어색했지만, 곧 공 하나에 담긴 전략과 집중의 묘미에 빠져들었다.

 비교적 이른 나이에 보치아를 시작한 그는 아홉 살에 전국 장애학생 체육대회에 출전하며 가능성을 보이기 시작했다. 초등학교 5학년 때는 성인 대회까지 도전하며 빠르게 성장했다. 이후 꾸준히 실력을 쌓아가던 그는 마침내 2023년 전국보치아선수권대회에서 우승을 차지하며 국가대표 자격을 얻었다. 태극마크를 달았을 때의 벅찬 감동은 아직도 생생하지만, 동시에 국가대표라는 부담감도 그에게는 무겁게 다가왔다.

대표로 발탁된 후 그는 이천선수촌에 입소하며 본격적인 훈련을 시작했다. 하지만 경기의 무게는 생각보다 무거웠다. 특히 2023년 광주시장배에서는 예선에서 1승 1패를 해 와일드카드로 겨우 16강에 진출하며 아슬아슬하게 경기를 이어갔다. 결승에 오르기까지 고군분투했던 그는, 첫 공을 던질 때마다 심리적 부담감이 커지는 것을 느꼈다. 첫 공을 던지기까지 2분이나 걸리기도 했기에 제한 시간 내 공 6개를 던져야 한다는 규칙이 큰 압박으로 다가왔다.

서민규 선수의 곁에는 항상 어머니가 있었다. 어머니는 단순한 보호자를 넘어 그의 심리적 버팀목이었다. 경기 중 긴장하거나 예민해지는 순간마다 어머니는 아들의 감정을 읽고 진정시켜 주었으며, 경기가 끝난 후에는 격려와 조언으로 다음 경기를 준비할 수 있도록 도왔다. 어머니의 헌신은 서민규 선수에게 있어 가장 든든한 파트너였다.

그가 보치아에 매료된 이유는 이 경기만의 예측 불가한

매력 때문이었다. 보치아 공은 가벼워 어디로 튈지 모르는 특성을 가지고 있어, 매 순간 새로운 전략이 요구된다. 서민규 선수는 이러한 불확실성 속에서는 집중력과 전략이 경기의 승패를 좌우한다고 믿는다. 특히 경기 후반에 종종 역전이 일어나는 경험을 해 보면서 보치아의 매력을 더 깊이 느끼게 되었다. 그는 공을 던지는 순간 가끔 자신도 믿기 어려운 "초인적인 능력"을 발휘할 때가 있다며 웃어 보였다.

 한 단계, 한 단계 올라갈수록 욕심이 많아져요. 초구 던질 때마다 온갖 잡생각이 다 들어요. 열심히 해서 잘하고 싶다는 생각을 하다가도 막상 경기에 들어가면 '열심히'보다는 '잘'하고 싶은 마음이 더 커지더라고요. 그래도 엄마가 항상 제 옆에 계셔서 힘이 돼요. 엄마는 발목 인대가 아프신데도 매번 경기를 지켜봐 주시거든요. 그래서 패럴림픽 뛰는 모습을 꼭 보여드리고 싶었어요.
 엄마는 정말 나무의 뿌리 같은 분이에요. 저희가 잎사귀라면, 엄마는 저희가 자랄 수 있도록 든든히 버텨주시는 존재죠. 엄마가 없었다면 저도, 동생들도 이렇게 성장할 수 없었을 거예요. 그래서 저도 나중에는 엄마처럼 뿌리가 되고 싶어요. 동생들을 도우면서 곁에 든든히 서 있고 싶거든요.

서민규 선수는 2023년 항저우 장애인 아시안게임에 최연소 보치아 국가대표로 나서 단체전 금메달을 따내며 우리나라 보치아의 미래를 밝혔다. 나이 어린 막내 선수였지만, 경기 내내 침착하게 자신의 역할을 다해서 이뤄낸 금메달은 그에게도, 가족에게도 큰 기쁨이었다. 하지만 2024년 파리 패럴림픽에서는 혼성 단체 동메달 결정전에서 일본에 패하며 메달 획득에 실패했다. 팀의 막내로서 스물 일곱 살 차이가 나는 정성준 삼촌과 정소영 누나를 힘껏 응원하며 최선을 다했지만, 승리의 기쁨을 함께 나누지는 못했다.

개인전 탈락에 이어 혼성 단체전에서도 시상대에 오르지 못한 서민규 선수는 경기 뒤 공동취재구역에서 참았던 눈물을 펑펑 쏟아냈다. "너무 아쉽다"라는 말을 연신 반복하며, "4년 동안 준비했는데, 삼촌과 누나와 함께해서 정말 좋은 시간이었다"라고 애써 마음을 다잡았다. 그의 얼굴에는 아쉬움과 미련이 가득했고, 그 순간은 쉽게 잊히지 않을 것 같았다.

경기가 끝난 뒤, 어머니 김은희 씨는 울고 있는 아들을 꼭 끌어안았다. 경기 내내 아들의 곁을 지키며 그의 정신적 버팀목이 되어준 어머니는 첫 패럴림픽 출전이고, 기대가 많았던 만큼 막내로서 뭔가 해내야 한다는 부담감이 컸던 것 같다며 아들을 달래며 함께 울먹였다. 서민규 선수와 어머니는 손가락에 똑같은 가족 금반지를 끼고 있었다. 경기 내내 서로를 지탱해준 금반지는 두 사람의 강한 연결고리를 상징하는 것처럼 보였다. 그는 보치아를 통해 꿈과 희망을 찾았다고 말했다. 그의 꿈은 이제 그의 가족에게도 희망이 되었고, 함께해 온 시간은 그 무엇보다 소중했다.

장애가 있는 아이들은 보통 치료실 갔다가 학교 갔다가, 그걸 반복하면서 지내잖아요. 저도 그랬는데, 보치아를 시작하면서 그 반복을 깰 수 있었어요. 장애가 있든 없든, 운동은 누구나 꼭 해봤으면 좋겠어요. 운동을 하면 희열감도 느끼고, 성취감도 느끼고, 또 그게 인생의 원동력이 되거든요. 그런 기분을 다 같이 느껴봤으면 좋겠어요.

그가 꿈꾸는 것은 단순히 자신의 성장이 아니다. 서민규 선수는 운동이 장애인과 비장애인 모두에게 삶의 원동력이 될 수 있다고 믿는다. 자신이 보치아를 통해 느낀 성취감과 희열을 더 많은 사람들과 나누고 싶어 한다.

아직 10대 후반의 어린 나이(2024년 기준)이지만, 그의 마음은 나이보다 훨씬 성숙했다. 맏이로서의 책임감과 배려심이 가득 담긴 '넉넉한 마음 주머니'를 지녔다. 그의 오른손에는 보치아 공을 던지다 생긴 굳은살이 자리 잡고 있다. 손아귀 힘이 약해 연필을 꽉 쥐고 글씨를 쓰는 건 어려워도, 보치아 공만큼은 단단히 움켜쥔다. 그것이 자신을 위해 희생하는 엄마를, 그리고 동생들을 위해 할 수 있는 최선의 일이라고 믿고 있다.

서민규 선수는 가족들과 함께 나눠 낀 '가족 금반지'를 자랑하며 환하게 웃었다. 그 웃음 속에는 패럴림픽 출전이라는 도전과 가족에 대한 사랑이 담겨 있었다. 파리 패럴림픽에 출전한 한국 선수 중 유일하게 10대였던 서민규. 그의 반지가 2028년 로스앤젤레스 패럴림픽에서는 더욱 찬란한 금빛으로 빛나지 않을까.

"그냥 '장애인'이 아닌 '선수'라는 타이틀"

보치아 국가대표
정호원

정호원 선수는 1986년 2월에 태어났다. 하지만 생후 백일 무렵, 어머니가 잠시 자리를 비운 사이 낙상 사고를 당해 후천성 뇌병변장애를 갖게 되었다. 그 사고는 그의 삶에 깊은 흔적을 남겼지만, 정호원의 이야기는 거기서 끝나지 않는다.

아홉 살 되던 해에는 큰 화재가 있었다. 불길이 번지는 집 안에서 어머니와 네 살 터울의 형은 곧바로 대피하지 않았다. 휠체어 없이는 움직일 수 없는 그가 남아 있었기 때문이다. 어머니는 몸을 던져 아들을 감싸안았고, 형은 불길 속에서 동생을 돕기 위해 머뭇거리다 전신 화상을 입었다. 어머니 역시 심각한 화상을 입었지만, 덕분에 정호원은 다치지 않고 살아남을 수 있었다. 그러나 이후 가족은 막대한 병원비와 끝없는 경제적 어려움에 직면했다. 어머니는 기차역 매점에서 일하며 받는 많지 않은 월급으로 세 가족을 부양하며 밤낮없이 일했고, 형은 화상 흉터 때문에 낮에는 일을 할 수 없어 밤에 주유소 아르바이트를 하며 가족을 도왔다. 그러나 빚은 점점 늘어만 갔다.

그런 상황에서도 정호원 선수는 중학교 1학년 때 특수학교에서 보치아를 알게 되었다. 처음에는 보치아가 단순한 공놀이처럼 보였지만, 해 보니 생각보다 훨씬 복잡하고 정교한 경기였다. 힘 조절, 집중력, 정밀한 계산이 필수였다. 그는 점점 보치아의 매력에 빠져들었고, 이를 통해 자신감을 키워 나갔다. 그러나 가족의 경제적 어려움이 계속되다 보니 보치아를 그만둬야 하나 고민한 적도 많았다. 그때마다 선수로 성공할 수 있다는 주변의 응원이 그의 마음을 붙잡았다. 결국 그는 2002년, 최연소 보치아 국가대표로 발탁되며 새로운 도전에 나섰다.

2024년 파리 패럴림픽은 정호원 선수의 다섯 번째 패럴림픽이었다. 그는 2008년 베이징 대회에서 처음 패럴림픽 무대를 밟은 이후 꾸준히 메달을 따내며 '한국 보치아의 에이스'로 자리매김했다. 이번 파리 대회에서도 그는 개인전 금메달을 목에 걸었다. 이는 그가 획득한 일곱 번째 패럴림픽 메달(금 4개, 은 2개, 동 1개)이었다. 더불어 한국 보치아가 1988년 서울 패럴림픽 이후 10회 연속 금메달 획득이라는 놀라운 기록을 이어가는 데 결정적인 역할을 했다.

정호원 선수의 금빛 여정은 개인의 성취를 넘어 우리나라 보치아의 위상을 다시금 세계에 알리는 일이기도 했다. 1988년 서울 패럴림픽에서 처음 정식종목으로 채택된 보치아는 이후 우리나라의 대표적인 패럴림픽 강세 종목으로 자리 잡았다. 마치 올림픽 무대에서 양궁이 그런 것처럼, 패럴림픽 무대에서 보치아는 한국을 빛내는 스포츠가 되었다. 그리고 그 중심에는 언제나 정호원이 있었다.

솔직히 작년까지는 내가 원하는 결과가 잘 안 나와서 김승겸 코치님께 미안하기도 했고, '나는 여기까지인가?' 하는 생각이 많이 들었어요. '이제 보치아를 좀 내려놔야 하나'라는 고민도 정말 많이 했죠. 그런데 코치님이 옆에서 계속 이것저것 시도해 보고, 새로운 방법도 개발하면서 경기력이 점점 나아졌어요. 그렇게 조금씩 변화가 보이기 시작하면서, 보치아가 다시 재미있다는 생각이 들더라고요.

정호원 선수가 개인전 금메달을 따낸 뒤 한 말이었다.

그는 이번 파리 패럴림픽을 앞두고 경기력 향상을 위해 새로운 시도를 멈추지 않았다. 사격 선수가 쓰는 고글을 착용하기 시작했고, 보치아 공이 지나가는 홈통 램프를 더욱 정교하게 개조했다. 특히, 마우스 스틱으로 굴린 공이 홈통을 통과할 때 생기는 흔들림을 줄이기 위해 연결고리를 이음새 없이 통으로 깎아 제작했다. 바닥 상태와 경기장의 습도까지 세세히 점검하며 훈련에 임했다.

또 수중 훈련이라는 새로운 방식도 처음으로 시도했다. 임광택 보치아 대표팀 감독은 수중 운동이 정호원 선수의 근육을 이완시키고 관절의 움직임 범위를 넓혀주어 경기력 향상에 큰 도움이 되었다고 설명했다.

대한장애인체육회의 지원 아래 과학적이고 체계적인 훈련이 이루어진 덕분에 보치아가 패럴림픽 10회 연속 금메달이라는 대기록을 이어갈 수 있었다. 하지만 무엇보다 중요한 것은, 정호원 선수가 상대와 치열한 두뇌 싸움을 벌이며 끝까지 집중력을 발휘해 승리를 끌어냈다는 점이다.

혼성 페어 결승전에서는 아쉽게 홍콩 팀에 패해 은메달에 그쳤다. 최근 보치아에 대한 투자를 늘리며 신흥 강자로

떠오른 홍콩은 강력한 상대였다. 정호원 선수는 이번 대회에서 누나인 강선희 선수와 함께하며 금메달을 따고 싶었지만, 뜻을 이루지 못해 무척 안타까워했다. 그는 다음 대회인 2028 로스앤젤레스 패럴림픽에서 강선희 선수가 개인전 금메달을 따기를 진심으로 바란다고 전하며 은메달에 대한 아쉬움을 달랬다.

한때 정호원 선수는 보치아를 그만두고 취업을 고민하기도 했다. 매달 100만 원이라도 벌어서 어머니께 드리고 싶었다. 하지만 중증 장애인으로서 현실은 녹록지 않았다. 면접장에서는 존재조차 무시되었고, 단 한 번의 질문도 받지 못한 채 돌아서야 했다. 이러한 현실 때문에 좌절하며 주저앉고 싶었던 순간도 있었지만, 주변 사람들의 도움으로 다시 마음을 다잡았다. 그렇게 다시 굴리기 시작한 보치아 공이 그를 금메달로 이끌었다.

그냥 '장애인'이 아니라 '선수'라는 타이틀을 갖게 된 것이 제 삶에 큰 의미를 줬어요. 그 타이틀이 주는 사회적 역할, 그리고 주변 사람들에게 받는 기대와 존경이 저를 버티게 하는 정말 큰 힘이 됐어요.

2008년 베이징 패럴림픽에서 단체전 금메달을 딴 뒤, 그가 가장 먼저 한 일은 어머니의 빚을 갚는 것이었다. 선수로서의 성취는 가족을 위한 실질적인 도움으로 이어졌다. 지금 그는 패럴림픽 메달에 따른 연금 100만 원을 다달이 받고 있다. 이 연금은 그와 가족에게 안정된 일상을 만들어주는 소중한 기반이 되었다.

정호원 선수에게 보치아는 단순한 운동을 넘어 '동아줄' 같은 존재였다. 어린 시절 그의 삶을 붙들어 준 희망이었고, 앞으로 나아갈 수 있게 해주는 '미래'였다. 그가 입으로 굴리는 보치아 공이 특별해 보이는 이유도 여기에 있다. 경기장에서 그가 보여주는 집중력과 열정은 단순히 메달을 향한 욕심이 아니라, 자신의 한계를 넘어서고 가족과 자신에게 더 나은 삶을 선물하고자 하는 의지의 표현이었다.

보치아 공이 굴러가는 경로는 단순하지 않다. 그것은 그의 노력, 꿈, 그리고 살아온 이야기를 담고 있다. 정호원 선수는 그 공을 통해 자신의 삶을 굴리고, 더 나아가 패럴림픽 무대에서 또 다른 가능성을 만들어가고 있다.

보치아란?
BOCCIA

● **기본 정보**

보치아는 중증 장애인을 위한 스포츠로, 그리스의 공 던지기 경기에서 유래했다. 장애인 스포츠에서만 볼 수 있는 독특한 경기이다.

1984년 뉴욕-스토크맨더빌 패럴림픽에서 정식종목으로 채택되었고, 우리나라에서는 1988년 서울 패럴림픽을 계기로 널리 알려졌다. 대회를 준비하며 1987년에는 해외 전문가 초청 강습회가 열렸고, 같은 해 제7회 전국장애인체육대회에서 국내 첫 보치아 경기가 개최되었다. 이후 우리나라는 2024년 파리 패럴림픽까지 무려 10회 연속 금메달을 따내며 보치아 강국이 되었다.

보치아는 점차 생활체육으로 자리 잡았다. 현재 국내 특수학교와 복지관을 중심으로 약 100개의 보치아팀이 활동 중이며, 다양한 동호회도 운영되고 있다.

● 스포츠 등급

①**BC1**: 손과 발을 사용해 공을 던질 수 있는 선수들. 경기보조인(파트너)을 둘 수 있으며, 경기보조인은 경기장 밖에서 대기하며 선수의 휠체어 이동과 공 전달만 돕는다.

②**BC2**: 손으로만 공을 던질 수 있는 선수들로, 경기보조인은 둘 수 없다. 상대적으로 신체 기능이 조금 더 나은 선수들이다.

③**BC3**: 공을 직접 쥐거나 던질 수 없는 중증 장애 선수들. 이들은 경기보조선수와 함께 홈통(ramp)을 사용해 공을 던진다. 경기보조선수는 경기 중 코트에서 등을 돌린 상태로 도움을 준다.

④**BC4**: 운동성 장애가 있는 선수들로, 손이나 발을 사용해 스스로 공을 던질 수 있다.

혼성 단체전에는 BC1과 BC2 등급 선수가 참여하며, 반드시 여성 선수가 포함되어야 한다. 혼성 2인조 경기는 BC3와 BC4 등급으로 구성되고, 이 경우에는 남성 1명, 여성 1명의 선수가 참여한다.

● 규칙과 경기 방식

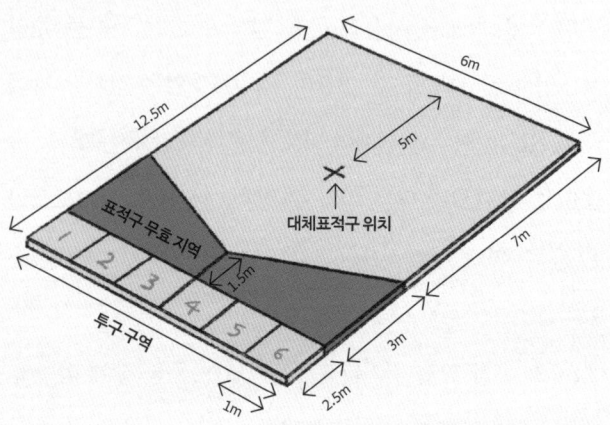

보치아 경기는 가로 6m, 세로 12.5m 크기의 평평하고 매끄러운 코트에서 진행된다. 선수들은 정해진 투구 구역 안에서 경기를 해야 하며, 경기 중에는 이 구역을 벗어날 수 없다. 선수의 스포츠 등급에 따라 제한시간이 4~6분이 주어진다.

경기의 기본 목표는 표적구(흰 공)에 자신의 공을 더 가까이 던지는 것이다. 경기 방식은 간단하지만, 전략과 집중력이 중요한 종목이다. 표적구에서 상대방 공보다 가까운 공만 순서대로 점수를 매기는데, 표적구에 더 가까이 배치된 공이 많을수록 높은 점수를 얻는다.

개인전과 2인조 경기는 4엔드, 단체전은 6엔드로 진행되며, 총점이 높은 팀이 승리한다.

● 도구와 환경

보치아 공은 피혁 재질로 만들어졌으며, 무게는 약 275g (±12g), 둘레는 270mm(±8mm)로 테니스공보다 약간 크다. 빨간 공 6개, 파란 공 6개, 흰색 표적구 1개로 구성되며, 손이나 발로 공을 던지지 못하는 선수는 홈통을 이용해 경기에 참여할 수 있다.

보치아는 선수들의 집중력을 극도로 요구한다. 관중은 선수의 집중을 방해하지 않도록 조용히 경기를 지켜봐야 한다.

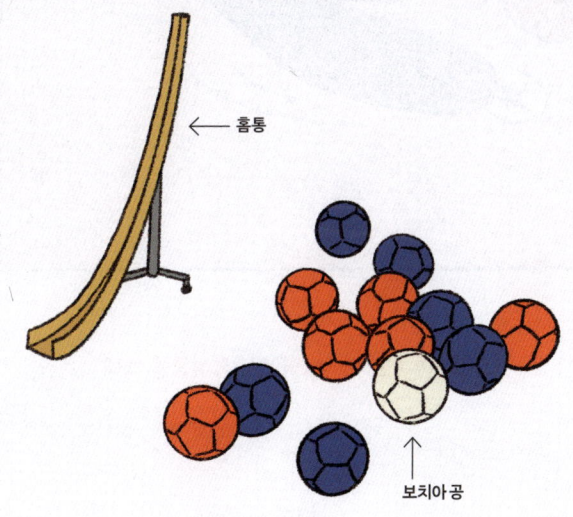

2. 골볼

1980 아른험 패럴림픽에서 정식종목 채택

> **"보이지 않기 때문에 오히려 더
> 두려움 없이 달려들 수 있는 것 같아요."**

골볼 국가대표팀
심선화, 김희진, 서민지
박민경, 김은지, 최엄지

경기도 이천선수촌에서 만난 골볼 여자 대표팀의 심선화 선수는 골볼을 "눈을 감고 상상해야 하는 스포츠"라고 설명했다. 골볼 경기는 길이 18m에 폭 9m의 경기장에서 진행되며, 선수들은 전적으로 청각에 의존해 소리가 나는 공을 향해 달려가거나 상대 선수를 막아야 한다.

심선화 선수는 경기가 시작되면 마치 파이터처럼 변신한다고 말했다. 경기가 진행되면서 바닥에 누웠다 일어났다 수십 번을 반복해야 하기에 모든 운동감각을 활용해야 한다는 것이다. 대표팀의 맏언니인 김은지 선수는 오히려 눈을 뜬 상태에서는 슬라이딩을 할 수 없다며, 눈을 가린 상태에서도 몸이 자동으로 움직인다고 덧붙였다. 이는 그만큼의 훈련 덕분이라고 할 수 있다.

여자 골볼 대표팀은 2022년 12월, 포르투갈에서 열린 골볼 세계선수권대회에서 준우승을 차지했다. 대회 8강에서 세계 1위 일본을 3:2로 꺾은 것이 큰 전환점이었다. 일본을 처음 이긴 순간, 팀은 모두 감격해서 눈물을 흘렸다. 골볼 대표팀의 주장 김희진 선수는 코칭스태프가 상대 팀 분석을 매우 세밀하게 해준 덕분에 일본전에서 먼저 가서 상대의 전략을 틀어막을 수 있었다고 말했다.

일본전에서 세 골을 넣으며 팀에 큰 기여를 한 막내 서민지 선수는 일본을 반드시 이기고 싶어서 아주 늦은 밤까지 경기를 분석했다고 한다. 심선화 선수는 대회 중 유럽 음식이 입에 맞지 않고, 대회 일정이 길어 힘들었지만 결과가 좋아서 정말 기뻤다며 웃었다.

준결승에서 캐나다와 맞붙어 5:2로 승리하며 결승에 진출한 골볼 대표팀은 2024 파리 패럴림픽 출전권도 따냈다. 한국 여자 골볼이 패럴림픽 출전권을 획득한 것은 1996년 애틀랜타 대회 이후 28년 만의 일이었다. 2023년 8월에는 골볼 아시아태평양선수권에서 우승을 차지하며 또 한 번 역사를 썼다. 신구의 조화 속에서 뛰어난 조직력을 바탕으로 얻은 값진 우승이었다.

대표팀 선수들은 골볼의 매력을 단체 경기로서의 팀워크에서 찾는다. 서민지 선수는 "긴장되는 순간에 서로 말을 많이 하면서 긴장을 풀어준다. 혼자만의 부담감을 나누면서, 그것이 골볼의 좋은 점"이라고 했다. 박민경 선수는 "코트에 들어서면 팀을 위해 한 명이라도 막자는 생각이 든다. 우리 팀워크는 정말 최고"라고 자부했다. 김은지 선수는 "단체 경기라 나의 실수로 경기 분위기가 바뀔까 고민되지만, 그때마다 서로 위로하고 다독이며 다음에는 실수하지 말자고 다짐한다"고 말했다. 열여섯 살에 골볼을 시작한 김희진 선수가 한 말은 다음과 같았다.

코트 안에서는 누구보다 더 자유롭게 움직일 수 있어요. 공이 상대 팀 골문에 들어가면 화가 나기도 하지만, 그때의 에너지를 다 쏟아부으면서 남은 경기 시간 동안엔 반드시 공을 막겠다는 생각으로 악착같이, 깡으로 코트에서 버텨요. 보이지 않기 때문에 오히려 더 두려움 없이 달려들 수 있는 것 같아요.

국내에는 골볼 여자 실업팀이 서울과 충남 두 개가 있다.

소속팀과 대표팀에서 함께하다 보니 팀워크가 더욱 돈독해졌다. 최엄지 선수는 주장 김희진 선수에게 공을 돌린다. 김희진 선수가 평소 한 명 한 명의 특성을 다 파악해서 세심하게 잘 챙기고 요리 솜씨를 발휘해 선수들이 먹고 싶은 것을 뚝딱뚝딱 만들어준 덕분이라고 말이다.

뮤지컬 배우로도 활약 중인 김희진 선수는 지난 2023년 장애인 국가대표 훈련 개시식 축하 무대에서 가수 김윤아의 노래 '고잉 홈(Going Home)'을 불렀다. 이 노래의 마지막 가사를 옮겨 본다.

가장 간절하게 바라던 일이 이뤄지기를 난 기도해 본다.

골볼 대표팀은 끈끈한 팀워크와 간절함으로 파리 패럴림픽 출전권을 따냈고, 그들의 꿈은 더 큰 세상에서 펼쳐지기 시작했다. 2023년 항저우 장애인 아시안게임에서는 동메달을 목에 걸며 큰 성과를 이루었다. 정지영 대표팀 코치는 골볼 선수들이 서로에게 시너지 효과를 낸다고 강조하며, 과정이 좋으면 결과도 좋을 거라고 선수들을 다독였다.

대표팀은 2024년 파리 패럴림픽에서는 참가국 8개 중

7위를 기록했다. 당시 우리나라가 세계 순위 15위였던 점을 고려하면, 매우 만족스러운 성과였다. 선수들은 우리 골볼 역사 28년 만에 처음으로 큰 무대를 경험하면서, 더욱 강한 팀워크와 자신감을 얻었다. 그동안의 노력과 경험을 통해 선수들은 한 단계 더 성장했으며, 앞으로도 더 큰 무대에 도전할 준비가 되어 있다.

2028년 로스앤젤레스 패럴림픽에서는 더욱 발전한 모습으로 다시 돌아올 것이다. 28년 만의 기회는 단지 시작이었을 뿐, 그들의 여정은 이제 막 펼쳐지고 있다.

심선화 @seswsyu
김희진 @hee_jin1129
서민지 @smj_sportwooman_20240801
최엄지 @thumb_choi8

골볼이란?
GOALBALL

● 기본 정보

골볼은 시각장애인만 참여하는 종목으로, 상대 골대에 공을 넣어 점수를 내는 스포츠다. 시각장애 정도와 상관없이 모든 시각장애인이 참가할 수 있다.

골볼은 1946년, 제2차 세계대전에 참전했던 군인들의 재활을 돕기 위해 독일의 셉 라인들$^{Sepp\ Reindl}$과 호주의 한스 로렌젠$^{Hans\ Lorenzen}$이 만들었다. 이후 1976년 토론토 패럴림픽에서 시범종목으로 소개되었고, 1980년 아른험 패럴림픽에서 정식종목으로 채택되었다.

● 규칙과 경기 방식

골볼은 모든 선수가 동등한 조건에서 경기를 할 수 있도록 시력을 완전히 차단하는 아이패치와 고글(아이셰이드)을 착용한다.

경기는 길이 18m, 폭 9m의 코트에서 진행되며, 전반 12분, 후반 12분으로 나뉘어 총 24분 동안 펼쳐진다. 한 팀당 세 명의 선수가 출전한다. 교체선수를 포함하면 한 팀은 총 여섯 명으로 구성된다. 공격팀은 공을 던져 상대 골대에 넣는 것을 목표로 하고, 수비팀은 몸을 던져 공을 막아야 한다. 공을 받은 뒤에는 10초 안에 공격을 시작해야 하며, 공을 던질 때는 반드시 언더핸드 방식을 사용해야 한다. 언더핸드는 어깨 아래에서 팔을 휘둘러 공을 던지는 방법으로, 공의 속도와 방향을 정확히 설정하기 위해 사용된다.

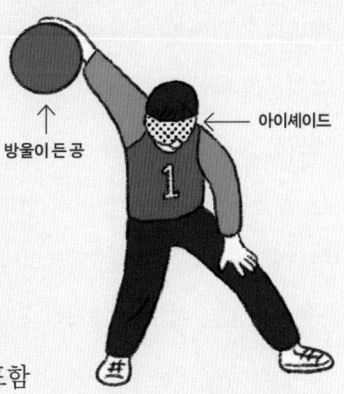

● 도구와 환경

골볼 공은 천연 고무로 만들어졌으며, 무게는 1.25kg, 둘레는 약 76cm로 비교적 크고 무겁다. 표면에는 약 1cm 지름의 구멍이 8개가 있다. 공 안에는 방울이 들어 있어 움직일 때마다 소리가 나며, 선수들은 이 소리를 통해 공의 위치와 움직임을 파악한다.

경기장은 시각장애인을 배려해 설계되었다. 모든 선과 표시는 돌출된 형태로 만들어져 선수들이 손으로 만져 방향을 확인할 수 있다. 골대는 코트의 양 끝에 설치되며, 너비 9m, 높이 1.3m로 크고 안정적이다. 경기장 바닥은 매끄러워야 하며, 각 구역에는 촉각 표시가 추가되어 선수들의 위치 감각을 돕는다.

골볼은 공의 소리가 잘 들려야 하기 때문에 관중들은 조용히 경기를 관람해야 한다.

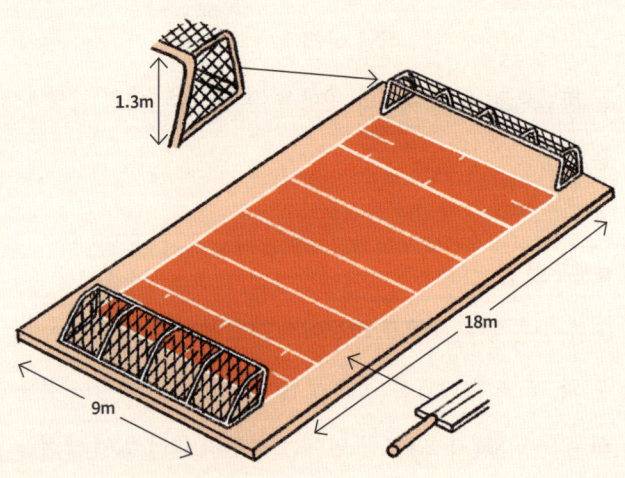

3. 배드민턴

2020 도쿄 패럴림픽에서 정식종목 채택

"배드민턴은 나를 가장 잘 표현할 수 있는 수단이에요."

배드민턴 국가대표

유수영
@s0oy0ung1127

그러니까, 라켓을 처음 잡았을 때부터 유수영 선수의 목표는 단 하나였다. 세계 1위. 그리고 그 목표는 어느 순간 그의 눈앞에 있었다. 2022년 국가대표 선발전에서 그는 평소 넘기 힘든 벽이라 느꼈던 김정준 선수와 김경훈 선수를 차례로 꺾었다.

특히 김정준 선수는 한때 세계 1위였던 선수로, 유수영 선수에게는 '삼촌'처럼 친근하면서도 반드시 넘어야 할 산이었다. 그 산을 넘는 데 성공했지만, 목표를 이뤘다는 기쁨보다 더 복잡한 감정이 그를 사로잡았다. 그는 여전히 세계 1위를 향한 여정을 이어가야 했고, 이번에는 더 높은 벽인 일본 선수 가지와라 다이키가 그 앞에 서 있었기 때문이다.

가지와라 선수는 단단했다. 유수영 선수는 2022년 이후 국제대회에서 가지와라 선수와 여러 차례 맞붙었지만, 아직 단 한 세트도 이기지 못했다. 그는 가지와라 선수의 플레이를 두고 벽에 대고 공을 치는 것 같다고 표현했다. 휠체어와 몸이 완벽하게 하나가 되어 자유롭게 움직이는 상대를 보며 감탄과 좌절을 동시에 느낄 수밖에 없었다. 하지만 그런 상대와의 경기는 유수영 선수에게 특별한 의미를 지녔다. 그는 깨지면서 배우는 과정을 스스로 즐겼다. 그 벽을 넘기 위해 다시 라켓을 잡는다.

유수영 선수의 배드민턴 여정은 중학교 시절로 거슬러 올라간다. 선천적으로 오른쪽 다리를 쓸 수 없었던 그는 친구들과 배드민턴을 치며 즐거움을 느꼈다. 빠른 몸놀림과 탁월한 순발력은 그의 큰 강점이었다. 상대의 어려운 스트로크를 받아내며 느꼈던 희열은 그를 배드민턴의 세계로 깊이 빠져들게 했다. 심재열 감독은 유수영 선수를 두고 상대 공격을 끈질기게 받아내다 보면 상대가 스스로 지쳐 무너진다며, 그의 독특한 경기 스타일을 설명했다. 하지만 수비적인 플레이를 넘어 공격력을 보완해야 하는 숙제가 여전히 그 앞에 놓여 있다.

남들과 똑같을 거라면 시작조차 안 했다는 그의 좌우명은 삶 전반을 관통한다. 배드민턴뿐 아니라 포켓몬스터 배틀 대회에서 국내 2위를 차지했을 정도의 집중력과 독학으로 배운 일본어로 일본 팬들과 소통하기 위해 일본까지 갈 정도의 추진력이 그의 성격을 보여준다. 한번 시작한 일은 끝을 보는 성격 덕분에 배드민턴에서도 끊임없이 도전하고 성장해 왔다.

유수영 선수의 도전은 단순히 승리의 기쁨을 위해서만이 아니다. 경기에서 패배를 딛고 일어서는 과정을 통해 자신을 성장시켜 왔다. 아시안 유스파라게임에서 큰 패배를 안겨줬던 중국 선수를 2023년 바레인 대회에서 꺾었고, 세계선수권에서 졌던 독일 선수도 마침내 넘어섰다. 경기에서 패배한 뒤 분하고 억울한 마음에 흘린 눈물은 다시 땀으로 이어졌고, 마침내 승리로 열매를 맺었다.

2022 항저우 장애인 아시안게임과 2024 파리 패럴림픽은 그의 도전이 빛난 무대였다. 파리 패럴림픽 복식에서는 은메달을 목에 걸었지만, 단식 준결승전에서는 홍콩의 찬호유엔 선수에게 패하며 결승 진출이 좌절되었다. 그는 경기 뒤 자책하며 눈물을 쏟았지만, 패배의 아픔은 다시 그의 열정

을 불태우는 연료가 됐다.

배드민턴은 나를 가장 잘 표현할 수 있는 수단이에요. 저는 앞으로 계속 나아갈 거예요. 더 잘하도록, 지지 않도록 더 열심히 준비해야겠지요. 꼭 세계 1위 하고 말겠습니다.

유수영 선수는 스스로에게 한계를 긋지 않는다. 그는 더 강한 상대를 만나면 더 배우고, 더 익혀서 결국엔 그들을 넘어선다. 왼팔보다 더 굵어진 오른팔은 그가 흘린 피, 땀, 눈물의 증거다. 그는 오늘보다 더 나은 내일을 꿈꾸며 목표를 향해 쉼 없이 달리고 있다.

> **"너는 지금도 나름 잘하고 있고
> 앞으로 더 잘될 거야."**

배드민턴 국가대표
정겨울
@winter_g_o__

그날, 사람들은 저한테 운이 좋다고 했어요. 고칠 수 있는 암이기 때문이라고요. 그런데 어린 마음에 저는 그게 왜 운이 좋은 건지 도저히 이해가 안 됐어요. 열세 살의 저는 '왜 하필 나일까'라는 생각으로 가득 찬 소녀였어요.

정서윤이 처음 다리를 절뚝인 건 초등학교 6학년 1학기 무렵이었다. 그땐 척추측만증 때문일 거라 생각해 대수롭지 않게 여기며 4개월간 교정 치료를 받았다. 하지만 정밀 검사를 거친 뒤 내려진 진단명은 희소 질환인 척수종양이었다. 처음 진료를 받았을 때, 치료 방법이 없으며 가슴 아래가 전부 마비될 거라는 청천벽력 같은 말을 들었다. 다행히 수소

문 끝에 서울의 대형 병원에서 응급 수술을 받을 수 있었고, 완전 마비는 피했다. 하지만 두 다리 신경은 살리지 못했다. 그날 이후, 소녀의 세상은 완전히 달라졌다.

항암 치료를 받고 국립재활원에서 재활을 시작할 무렵, 그녀는 '정겨울'이라는 이름을 쓰기 시작했다. 정겨울은 그녀가 태어난 계절을 따 아버지가 지어준 이름이었다. 하지만 할아버지가 출생 신고를 하면서 '정서윤'으로 등록해버렸다. 집에서는 계속 '겨울이'라고 불렸기에 이름이 낯설지는 않았다. 그녀는 한글 이름으로 바꾸고 싶었다며 환히 웃었다.

처음 배드민턴을 권유받았을 때, 정겨울 선수는 단호하게 거절했다. 사춘기 시절, 갑자기 바뀐 몸 때문에 마음의 문을 꽁꽁 닫고 외출조차 꺼리던 때였다. 사람들이 자신을 쳐다보는 게 싫어서 마트처럼 사람 많은 곳은 피해 다녔다고 한다. 하지만 홀로 딸을 키우던 아버지는 재활 운동이라 생각하고 한번 해 보자며 끈질기게 설득했다.

결국 배드민턴을 시작하게 된 정겨울 선수는 점점 마음의 문을 열게 되었다. 신인 유망주로 처음 합숙 훈련에 참여했을 때, 선배인 김효정 선수에게 "남의 시선을 신경 쓰지 마라"는 말을 들으며 조금씩 용기를 얻었다. 함께 쇼핑몰도

갔다. 그전까지는 주로 유튜브를 보며 혼자 시간을 보내던 소녀가 세상과 소통하기 시작한 순간이었다.

일찌감치 독학으로 중학교와 고등학교 검정고시를 통과한 정겨울 선수는 배드민턴을 하기 전에는 소극적이고 혼자 있는 것을 좋아하는 아이였다. 하지만 선수 생활을 하면서 자신보다 더 심각한 장애가 있는 사람들이 즐겁고 보람 있게 사는 모습을 보며, 삶에 대해 더 많이 깨닫게 되었다고 했다. 그녀의 아버지 정순영 씨 역시 딸이 운동을 시작하면서 생각이 점점 더 긍정적으로 바뀌었다며 기뻐했다. 딸의 운동 모습을 기록하기 위해 〈겨울아빠〉라는 이름의 유튜브 채널을 운영하며 딸의 여정을 담고 있다.

장애인 배드민턴은 배드민턴 실력뿐 아니라 휠체어를 능숙하게 다루는 기술도 필요해 쉽지 않은 종목이다. 그럼에도 정겨울 선수는 셔틀콕이 빠르게 움직이는 게 좋다고 했다. 2021년 경기도지사배 전국장애인배드민턴선수권대회에서 여자 단식 1위에 올랐다. 그는 체력 훈련을 더 열심히 해서 코트 위에서 더 빠르게 움직이고 싶다고 말했다. 2023년 항저우 장애인 아시안게임에서는 단식 동메달을 따냈고, 2024년 파리 패럴림픽에서는 아쉽게도 메달을 따내지 못했다. 경기장에서 최선을 다했지만, 목표를 이루지 못한 아쉬움이 남았다. 정겨울은 별을 바라보면 혼자서 되뇐다.

너는 지금도 나름 잘하고 있고 앞으로 더 잘될 거야.

뜻밖에 찾아온 희소병으로 한없이 좁아졌던 정겨울의 세계는 그렇게 조금씩, 조금씩 확장되고 있다. 배드민턴 라켓을 꽉 움켜쥐고 말이다.

배드민턴이란?
PARA BADMINTON

● **기본정보**

배드민턴은 장애인 스포츠 중 가장 빠르고 역동적인 종목으로, 전 세계적으로 사랑받고 있다.

2020 도쿄 패럴림픽에서 정식종목으로 채택되었다. 우리나라는 1996년 전국장애인체육대회를 시작으로 지속적으로 발전하고 있으며, 국제오픈대회, 아시아선수권대회, 세계선수권대회, 장애인 아시안게임 등에서 우수한 성적을 거두고 있다.

장애 유형과 정도에 따라 휠체어배드민턴, 스탠딩배드민턴, 좌식배드민턴으로 나누어져 있는데, 좌식배드민턴은 우리나라에서만 있는 종목이다.

현재 900명 정도의 선수가 등록되어 있으며, 국내 8개 실업팀이 있다. 선수들은 해마다 개최되는 여러 전국대회에 참여하여 경기력을 향상시키고 있다.

● **스포츠 등급**

①**휠체어 등급**(WH1, WH2): WH1은 상체와 하체 모두 제약이 있는 선수들이, WH2는 상체 기능이 양호하지만 하체에 제한이 있는 선수들이 포함된다.

②**스탠딩 등급**(SL3, SL4): SL3은 한쪽 다리에 큰 제한이 있는 선수들이, SL4는 비교적 움직임이 자유로운 선수들이 해당된다.

③**상지장애 등급**(SU5): 한쪽 팔에 장애가 있는 선수들이 포함된다.

④**저신장 등급**(SH6): 키가 작은 저신장 선수들이 참가하며, 비장애인 배드민턴 코트 규정을 따른다.

● **규칙과 경기 방식**

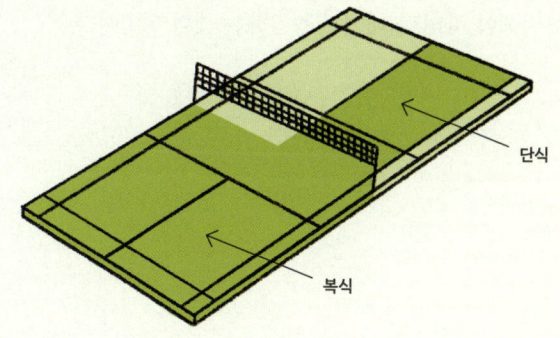

장애인 배드민턴 경기는 비장애인 배드민턴 규정을 바탕으로 하되, 장애인의 특성에 맞춰 일부 규칙이 조정된다. 경기 방식은 단식, 복식, 혼합복식으로 나뉘며, 각 경기는 3세트 중 2세트를 먼저 따내는 방식으로 진행된다.

특히 휠체어배드민턴에서는 단식 경기는 코트의 한쪽 면만 사용하고, 복식 경기는 코트 전체를 사용한다. 경기 중 휠체어가 코트를 벗어나면 실점 처리된다.

● 도구와 환경

장애인 배드민턴에서 사용하는 라켓과 셔틀콕은 비장애인 배드민턴과 동일하다. 휠체어는 가벼운 재질로 만들어 빠른 회전과 이동을 지원하며, 경기 중 안전성을 위해 추가적인 고정 장치가 장착된다. 경기 코트는 매끄럽고 균일한 표면을 유지해야 하며, 실내에서 경기하는 것이 원칙이다.

4. 카누

2016 리우 패럴림픽에서 정식종목 채택

> "장애를 이유로 자신을 가두기에는
> 세상은 너무 넓고,
> 해야 할 일도 정말 많거든요."

카누 국가대표

최용범
@no.1_y.b

 2022년 3월, 눈을 떴을 때 그의 몸은 예전과 달랐다. 왼쪽 다리가 허전했다. 아버지에게 전화를 걸었지만, 아무 말도 할 수 없었고, 울음만 터져 나왔다. 군 복무를 마치고 다시 카누 선수로 돌아가려던 꿈이 산산조각 났다. 그는 밤마다 구석에 숨어 울고 또 울었다. 모든 게 끝난 것 같았다.

 그에게 물은 늘 특별했다. 어린 시절, 백마강과 반산저수지에서 보내던 시간은 그의 마음을 채웠다. 축구와 씨름도 해 봤지만, 부여중학교 1학년 때 카누를 처음 접하며 물 위에서 자신을 찾았다. "지는 게 싫어서" 날마다 패들을 저으며 새로운 세계를 물 위에 펼쳤다. '제2의 조광희'라는 별명도 붙었다. 조광희 선수는 아시안게임 2연패를 기록한 한국 카누의 전설이자 그의 선배였다.

최용범 선수는 고등학교 졸업 후 울산광역시청 소속으로 활동했다. 국가대표 선발전에서 간발의 차로 태극마크를 놓치고 허리 통증까지 겹쳤다. 결국 2018년 11월 군대에 입대했다. 제대 후 몸을 만들며 도전을 이어가려던 순간, 그를 덮친 사고는 모든 것을 뒤흔들었다.

재활 과정에서 그의 은사인 주종관 코치와 대한장애인체육회의 맹찬주 매니저가 파라 카누를 권했다. 최용범 선수는 달라진 모습으로 과거 동료들과 마주해야 한다는 사실이 처음에는 두려웠다. 하지만 어머니의 권유와 내면 저 깊은 곳에서 다시 패들을 잡고 싶다는 갈망이 그를 물 위로 이끌었다.

파라 카누는 그에게 익숙하면서도 낯선 도전이었다. 의족을 한 다리 때문에 균형을 잡는 것조차 쉽지 않았다. 익숙한 물 위에서 수없이 물에 빠지며 낯선 싸움을 이어갔다. 하지만 물에 빠질 때마다 일어섰고, 결국 조금씩 기록을 단축했다. 그렇게 다시 경쟁의 즐거움을 되찾게 되었다.

그의 첫 대결 상대는 모교인 부여중학교 선수였다. 한참 어린 후배에게 졌다. 실업팀 출신 선수가 중학생 선수에게

진 일이 그의 자존심을 건드렸고, 승부욕은 다시 불타올랐다. 기록은 점점 줄었고, 결국 스스로를 넘어섰다.

마침내 2023년, 최용범 선수는 전국장애인체전에서 여유롭게 1위를 차지했다. 5년 만에 다시 선 대회에서 얻은 성과였다. 항저우 장애인 아시안게임은 시간상 참가하지 못했지만, 출전했다면 메달은 확실했을 거라고 맹찬주 매니저가 말했다. 그의 성장은 모두의 기대를 뛰어넘었다.

최용범의 도전은 패럴림픽이라는 더 넓은 무대로 이어졌다. 그는 우리나라 장애인 카누 선수 최초로 패럴림픽에 출전하며 새로운 역사를 썼다. 세계선수권에서 패럴림픽 출전권을 따내고, 파리 대회의 개막식과 폐막식에서 기수로 태극기를 휘날렸다. 올림픽을 목표로 했던 선수가 다시 패럴림픽 무대에 설 수 있다는 걸 자체가 무척 큰 의미가 있었다.

패럴림픽은 장애를 갖게 된 이후에도 새로운 꿈을 꿀 수 있는 기회의 장이에요. 처음에는 밖에 나가는 것조차 두려웠어요. 사람들이 쳐다보는 시선이 너무 부담스럽게 느껴졌거든요. 그런데 막상 나와 보니까, 정말 별거 아니더라고요. 친구들도, 선후배들도 여전히 예전과 똑같이 저를 대해줬어

요. 이제는 그런 시선이 아무렇지도 않아요. 장애는 더 이상 제 꿈을 이루는 데 걸림돌이 되지 않아요.

오히려 저보다 더 심각한 장애가 있는 분들이 열심히 운동하는 모습을 보며 많은 걸 배우고 느꼈어요. 절단장애를 입으신 분들 중에는 외부 활동을 꺼리시는 분들이 많은데, 저는 그분들이 조금 더 용기 내서 세상 밖으로 나왔으면 해요. 장애를 이유로 자신을 가두기에는 세상은 너무 넓고, 해야 할 일도 정말 많거든요.

가족의 응원은 언제나 그의 곁에 있었다. 아버지는 반산 저수지를 찾아가 아들의 훈련 모습을 몰래 카메라에 담았다. 그는 이를 알고도 아무 말 없이 묵묵히 패들을 젓는다.

주말이면 친한 후배와 함께 민물낚시를 다니며 미래를 그린다. 그가 낚는 것은 물고기가 아니라 희망이다. 2028년에 열리는 로스앤젤레스 패럴림픽, 그가 바라보는 다음 무대이다. 오늘도 최용범 선수는 물 위에서 패들을 꼭 잡고 내일의 꿈을 젓고 있다.

카누란?
PARA CANOE

● **기본정보**

카누는 잔잔한 물 위에서 200m 거리를 주행하는 스포츠다. 현재 장애인 카누는 1인승 싱글 종목만 시행 중이다. 이 경기는 카약^{kayak}과 바아$^{va'a}$ 두 가지 종목으로 나뉜다. 일반적으로 카누와 카약이라는 이름을 구분하지 않고 카누라는 용어로 통칭해서 사용한다. 카약은 2016년 리우 패럴림픽에서, 바아는 2020 도쿄 패럴림픽에서 정식종목으로 채택되었다.

● **스포츠 등급**

카약(KL)

①**KL1:** 상체 움직임이 극도로 제한적이며 하체 기능이 없는 선수로, 팔만 사용해 보트를 추진한다.

②**KL2:** 일부 상체와 하체 움직임이 가능한 선수로, 독립적

으로 앉을 수 있지만, 경우에 따라 등받이가 필요하다.

③**KL3**: 부분적으로 하체를 사용할 수 있는 선수. 패들링 중 하나의 다리나 의족을 사용할 수 있다.

바아(VL)

①**VL1**: 상체 움직임이 극도로 제한적이며 하체 기능이 없는 선수. KL1과 유사하며 등받이가 높은 좌석을 사용한다.

②**VL2**: 일부 상체와 하체 움직임이 가능한 선수로, 패들링 시 다리 움직임이 제한된다.

③**VL3**: 하체 움직임이 부분적으로 제한되는 선수를 포함한다.

● 규칙과 경기 방식

장애인 카누는 200m 거리의 정해진 코스를 따라 이루어진다. 올림픽과 규정은 동일하지만, 선수의 장애 유형에 따라 보트와 패들링 방식이 조정된다.

카약과 바아 모두 1인승으로 치러지며, 선수들은 각자의 레인에서 경기를 진행한다. 패들링 방식에 따라 카약은 양날 패들을 사용하고, 바아는 외날 패들을 사용해 추진한다.

● 도구와 환경

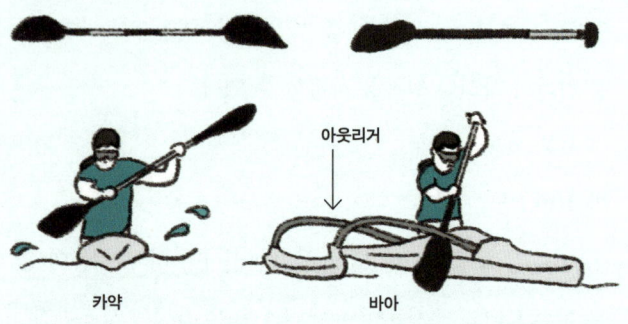

장애인 카누에 사용되는 장비는 비장애인 카누 장비와 비슷하지만, 장애인 선수들의 안정성과 편의를 위해 일부 조정이 이루어진다. 카약은 바닥이 더 넓게 제작되어 안정성을 높였으며, 바아는 보트의 균형을 잡아주는 아웃리거를 부착한다. 패들 역시 카약에서는 양날 패들을, 바아에서는 외날 패들을 사용한다.

경기는 잔잔한 물 위에서 진행되며, 코스는 균일하고 매끄러운 수면을 유지해야 한다.

5. 사격

1976 토론토 패럴림픽에서 정식종목 채택

> **"주저하지 말고 세상 밖으로 나와서
> 직접 부딪혀 보세요."**

사격 선수

유연수
@_rys_31

눈을 뜨니 가슴 아래쪽이 전혀 감각이 없었다. 처음엔 꿈인가 싶었다. 하지만 이건 악몽 같은 현실이었다. 2022년 10월 18일, 유연수의 삶은 산산조각이 났다.

팀 동료들과 차를 타고 이동하던 중 음주 운전 차량이 그들의 차를 들이받았다. 가해자의 혈중알코올농도는 만취 수준인 0.117%. 피해 차량에 타고 있던 다섯 명 중 네 명은 경상을 입었는데, 뒷자리에서 잠들어 있던 유연수 선수만 중상을 입었다. 하반신이 마비되어 더는 걷지 못하게 된 것이다. 그의 나이 스물네 살이었다.

축구를 좋아했던 그에게 다리를 잃은 것보다 더 슬픈 건, 자신이 평생 꿈꿔왔던 월드컵 출전을 더는 이룰 수 없다는 사실이었다. 그는 제주 유나이티드의 골키퍼로, 프로 3년 차 축구 선수였다. 어릴 적부터 축구를 하면서 축구가 평생의 업이 될 거라 믿었다. 하지만 불의의 사고로 타의에 의해 축구는 과거가 되고 말았다.

사고 후 1~2주는 눈물로 보냈다. 부모님과 누나 역시 함께 울었다. 타인의 과실로 삶이 무너졌다는 생각이 그를 견딜 수 없게 했다. 하지만 수척해지는 부모님의 얼굴을 보며 마음을 다잡았다. 그만 울고 제2의 인생을 생각해보자는 아버지 말씀 덕분에 정신을 차리고 새로운 앞날에 관해 고민을 시작했다.

재활 과정은 쉽지 않았다. 사고 두 달 뒤 휠체어 타는 법을 배우기 시작했고, 3~4개월 뒤에는 혼자서 휠체어를 사용할 수 있게 됐다. 언제까지 부모님께 도움만 받을 순 없었기에 빨리 적응하려고 더 열심히 노력했다.

2023년 11월 11일, 그는 제주 유나이티드가 마련한 은퇴식에 휠체어를 타고 참석했다. 울지 않으려 애썼지만, 운동장의 커다란 전광판에 자신이 뛰던 모습이 나오자 눈물이 왈칵 쏟아졌다.

축구의 시작과 끝이 한순간 스쳐 지나갔어요. 동료들과 팬들에게 잘 지내고 있다는 모습을 보여주고 싶었는데, 눈물을 참을 수 없더라고요.

축구는 그에게 열정 그 자체였다. 하지만 이제 그는 골문을 지키는 대신 새로운 도전을 선택했다. 2024년 12월 2일, 대한장애인체육회 이천선수촌에 입소했다. 휠체어농구, 조정, 탁구, 펜싱 등 다양한 장애인 스포츠에 도전해봤지만, 사격이 가장 마음에 와닿았다. 90분 동안 집중력을 발휘해야 했던 골키퍼 경험과 사격에서 요구되는 집중력이 닮아 있었고, 단체 스포츠 대신 개인 스포츠에 도전하고 싶었던 것도 사격을 선택한 이유였다. 사격 훈련이 쉽지 않았지만, 골키퍼 시절 긴 기다림의 시간을 견뎌냈던 것처럼 이번에도 참고 이겨냈다.

그는 이천선수촌에 입소하고 얼마 지나지 않아, BDH파라스에 입단했다. 창성그룹 배동현 부회장이 설립한 장애인 전문 실업팀으로, 이곳에서 새로운 도전을 시작했다. 골키퍼로서 골을 막던 그는 이제 사격 선수로서 만점을 향해 나아가고 있다.

그는 긍정적인 성격을 자신의 가장 큰 장점으로 꼽았다. 축구 선수 시절에도 실수를 빨리 잊고 곧바로 제 할 일을 이어가는 데 집중했듯, 장애가 생긴 지금도 그 태도는 변함이 없었다. 열심히 노력하다 보면 결과는 자연스럽게 따라올 것이라 믿으며, 자신을 보며 다른 이들이 희망을 품기를 바랐다.

스포츠에 도전하면 자존감과 자신감을 얻을 수 있을 거예요. 주저하지 말고 세상 밖으로 나와 직접 부딪혀 보세요. 저처럼, 그리고 이미 도전한 많은 사람들처럼요. 멋진 사람이 될 수 있고, 이루지 못했던 꿈도 이룰 수 있을 거라고 믿어요.

그는 새로운 길을 개척해 나가는 도전자로서의 삶을 이어가고자 했다. 목표는 2028년 로스앤젤레스 패럴림픽에서 태극마크를 달고 출전하는 것이다. 그는 오늘도 스스로의 한계를 넘어서기 위해 노력하면서 자신의 도전이 또 다른 시작이 되기를 바라고 있다.

> **"사격은 내가 그동안 미처 보지 못했던 것을 깨닫게 해 줬어요."**

사격 국가대표
이장호
@bleiker__

중학생 이장호는 새벽 네 시에 일어나 할아버지의 농사일을 도우며 하루를 시작했다. 학교에 가기 전까지 세 시간 동안 밭을 일구며, 어린 나이부터 노동이 일상이 되었다. 고등학생 때에는 나이키 운동화를 갖고 싶어 주말마다 막노동을 하기도 했다. 트럼펫 연주를 좋아해 군악대를 꿈꿨지만, 집안 사정으로 육군 부사관의 길을 선택했다. 그러나 스물한 살에 교통사고를 겪으며 그의 인생은 완전히 달라졌다.

당시 군의관은 수술이 성공적이었다고 말했지만, 재수술 시기를 놓치면서 결국 하반신 마비 판정을 받게 되었다. 게다가 휴가 중 사고라는 이유로 국가유공자로 인정받지도 못했다. 하지만 이보다 더 힘든 건 휠체어에 의존해야 하는 현실을 받아들이는 것이었다. 그는 후회해도 바뀌는 건 없다는 걸 깨달았다. 이장호는 삶의 방향을 새로 잡기로 했다.

어차피 일어난 일이라면 현실을 받아들이고 할 수 있는 걸 해야죠.

2011년 국립재활원에서 장애인 사격을 시작했다. 군에서 사격 교관을 했던 터라 낯설지 않았다. 사격을 시작한 처음 3~4년은 의료기기 영업과 운동을 병행했다. 하지만 두 가지를 같이하는 게 쉽지 않았다. 결국 2014년부터 운동에 전념하기로 했다. 대한장애인체육회의 신인 선수 발굴 프로그램 덕분에 가능한 결정이었다.

그는 2016년 리우 패럴림픽에 참가하기 위해 대출까지 받았다. 간절한 마음을 담은 첫 패럴림픽에서 남자 공기소총 입사(SH1) 종목에서 4위를 차지했다. 마지막 한 발의 실수로 메달을 놓쳤지만 후회하지 않았다. 주변에서는 안타까워했지만, 스스로는 정말 잘했다고 생각했다. 같은 대회 복사 종목에서는 동메달을 획득했다. 매일 밤 염증으로 고통받으며 경기에 임했던 터라 더욱 값진 성과였다.

리우 패럴림픽은 이장호 선수의 삶에 큰 전환점이 되었다. 휠체어에 의지하던 그의 일상이 완전히 바뀌었고, 잃었던 자신감을 되찾는 계기가 되었다. 이후 그는 2018년 인도네시아 장애인 아시안게임에서 은메달을 목에 걸며 자신의 가능성을 증명했다. 비록 도쿄 패럴림픽에서는 메달을 따지 못했지만, 그 경험은 한 걸음 더 나아가기 위한 값진 원동력이 되었다.

이장호 선수는 다음은 없다는 생각으로 언제나 절실한 자세로 살아왔다. 세계선수권대회에서는 40도가 넘는 고열에도 표적에만 집중해 1위를 차지했다. 경기가 끝난 뒤 앰뷸런스를 타고 응급실로 실려 가야 했지만, 그는 자신의 방식으로 승리를 쟁취했다.

그의 사격 철학은 간단하면서도 깊다. "사격은 기본이 중요해요. 몸 상태나 주변 환경에 상관없이 방아쇠를 당겨야 해요. 한 발을 쏘는 행위는 완전히 기계적이어야 합니다." 공기총을 들고 자세를 유지하며 호흡을 가다듬는 그의 반복된 훈련은 실탄을 쏘는 횟수보다 더 중요했다.

마침내 그는 2022 항저우 장애인 아시안게임에서 남자 10m 공기소총 입사 종목에서 금메달을 목에 걸었다. 이제 그의 목표는 장애인 아시안게임, 세계선수권, 패럴림픽에서 모두 1위를 차지해 '그랜드슬램'을 달성하는 것이다. 과연 그에게 사격은 무엇일까.

사격은 내가 그동안 미처 보지 못했던 것을 깨닫게 해줬어요. 무엇보다 나 자신을 있는 그대로 마주하게 했죠. 사격을 할 때면 마음이 한없이 차분해지면서 '내가 이렇게 섬세한 면이 있었나?' 하고 새삼 느껴요. 주변 사람들도 사격 전후로 달라진 제 모습을 보고 놀라워하곤 해요.

총을 잘 쏘면 탄착이 한곳에 고르게 모이는데, 그 모습이 정말 아름다워요. 가끔 마음이 심란하거나 산만할 때는 탄착이 여기저기 흩어지기도 하지만, 마음을 가다듬고 집중해서 원하는 대로 쏘면 탄착이 꽃잎처럼 모여요. 요즘엔 단순히 방아쇠를 당기는 게 아니라, 총으로 그림을 그리는 느낌이 들어요. 탄착을 볼 때마다 마치 제 마음이 투영된 한 폭의 작품을 보는 기분이랍니다.

직업 군인일 때도 총을 쐈고, 지금도 총을 쏜다. 하지만 과거의 총과 현재의 총은 다르다. 그가 당기는 방아쇠에는 목표가 있고, 그 끝에는 또 다른 성취가 있다. 이장호 선수는 "장애를 갖고 집에만 있는 사람도 많을 것이다. 바깥으로 향하는 문을 한 번 여는 것이 어려울 뿐 이후에는 별것 없다"라고 말했다.

서른넷, 이장호는 오늘도 조금은 다른 방식으로 긍정의 마음으로 삶의 예쁜 꽃을 그리고 있다.

> **"일단 밖으로 나와보세요.
> 사람들을 만나고 세상과 부딪히면
> 길이 보입니다."**

사격 국가대표

조정두
@jungdoo8602

조정두 선수는 2007년 군 복무 중 뇌척수막염 진단을 받았다. 그러나 제대로 된 치료를 받지 못해 척수 장애를 갖게 되었고, 그의 삶은 완전히 바뀌었다. 다치고 난 후에는 걷지 못하는 현실을 받아들이기가 힘들었다. 그는 무기력과 두려움 속에서 외출조차 꺼리며 7~8년을 집 안에 갇혀 지냈다. 온라인 슈팅 게임으로 시간을 보내며 국가유공자로서 최소한의 삶을 이어가던 그는, 영원히 이렇게 살 수는 없다는 생각에 용기를 내어 세상 밖으로 나왔다.

그가 세상과 다시 만난 계기는 사격이었다. 단순히 호기심에서 시작한 스포츠였지만, 점차 재미를 느꼈고, 선수로 활동하면서 삶은 완전히 달라졌다. 내성적이던 성격은 사람들과의 교류를 통해 활발해졌고, 대회에서 메달을 따내며 자존감도 크게 높아졌다. 그렇게 첫 패럴림픽 무대에 섰다. 그는 대회를 준비하며 비장애인 실업팀과 훈련한 것이 큰 도움이 되었다고 했다. 비장애인 선수들과 점수 차이는 크지만, '해 볼 만하다'는 자신감을 얻었다고 말했다.

2024 파리 패럴림픽에서 당당히 금메달을 따내며 그의 이야기는 새로운 전환점을 맞았다. 남자 10m 공기권총(SH1) 결선에서 237.4점을 기록하며 인도의 마니쉬 나르왈을 2.5점 차이로 제치고 금메달을 목에 걸었다. 이 메달은 2024 파리 패럴림픽 한국 선수단의 첫 금메달이기도 했다.

조정두 선수는 결혼한 지 채 2년도 되지 않은 새내기 가장이다. 파리 패럴림픽 준비를 위해 만삭의 아내를 두고 훈련에만 몰두했다. 그는 아내에게 너무 미안해서 더 열심히 했고, 금메달을 꼭 선물하고 싶었다고 전했다.

대회를 준비하는 과정은 쉽지 않았다. 경기 전 소화 문제로 아침, 점심을 굶고 사대에 섰다. 경기가 끝난 뒤 애국가를 들으며 시상대에 올랐을 때는 배고픔을 참을 수 없었다. "배가 너무 고팠다. 빨리 라면을 끓여 먹고 싶었다"라는 소감으로 주위를 웃음 짓게 했다.

그가 다시 세상 밖으로 나오기까지의 시간은 길었다. 하지만 한번 문을 열고 나온 뒤 무섭게 집중했고, 결국 세계 최고 명사수가 됐다. 그는 후천적 장애가 있는 이들에게 이렇게 전하고 싶다고 했다.

일단 밖으로 나와보세요. 사람들을 만나고 세상과 부딪히면 길이 보입니다.

무엇이든 무조건 해내겠다는 신념 아래 첫 패럴림픽 출전에서 금메달이라는 해피엔딩을 써내려간 조정두 선수. 그는 오늘도 세상을 향한 문을 활짝 열고 나아가고 있다.

사격이란?
SHOOTING PARA SPORT

● 기본정보

사격은 1976년 토론토 패럴림픽에서 정식종목으로 채택된 이래 현재까지 꾸준히 개최되고 있다. 사격은 소총과 권총으로 나뉘며, 10m, 25m, 50m 거리에서 목표를 맞추는 경기다. 정적인 상태에서 이루어지는 스포츠로, 신체적 제약이 있는 장애인 선수들이 도전하기에 적합한 종목이다.

우리나라는 1984년 뉴욕-스토크맨더빌 패럴림픽에 처음 참가하며 공기소총과 공기권총 종목에 도전했다. 이후 각종 국제대회에서 뛰어난 성과를 올리며 장애인 스포츠의 유망 종목으로 자리 잡았다.

● 스포츠 등급

①**SH1**: 소총 또는 권총을 사용할 때 몸의 중심을 유지할 수 있는 선수. 척수 및 기타 장애를 포함한다.

②**SH2:** 소총 사용 시 팔의 움직임이 제한되어 로더(장전보조자)의 도움을 필요로 하는 선수. 주로 경추 손상을 입은 경우가 해당된다. 총을 직접 장전하기 어려워 로더가 이를 돕는다.

● **규칙과 경기 방식**

①**소총 종목:** SH1, SH2 등급 선수만 참가할 수 있으며 실내에서 경기하는 10m 공기소총과 실외에서 경기하는 50m 화약소총이 있다. 10m 공기소총은 다시 입사(서서 쏴)와 복사(엎드려 쏴) 종목으로 나뉜다. 복사 종목 R3 은 남성과 여성이 따로 경기하는 입사 종목과 달리 남녀 구분 없이 혼성으로 승부를 겨룬다. 50m 화약소총 역시 복사 종목은 혼성이며, 슬사(무릎 쏴) 복사, 입사 순서로 세 가지 자세로 사격하는 3자세 경기는 남녀 종목으로 구분된다.

②**권총 종목:** SH1 등급 선수만 참가할 수 있으며, 10m, 25m, 50m 거리에서 진행된다. 10m 공기권총은 실내경기로 남녀 종목이 따로 나뉜다. 25m 권총과 50m 권총은 실외 경기로 두 종목 모두 혼성으로 이루어진다. 장애인 권총 경기는 비장애인 사격과 동일한 규정을 따르지만, 선수들이 서

서 쏘거나 휠체어에서 쏠 수 있도록 선택지가 제공된다.

● **도구와 환경**

장애인 사격에서 사용되는 도구와 장비는 선수들의 안정성과 경기력을 최대한 지원하기 위해 설계된다. 소총과 권총은 공기압이나 화약을 사용하는 총기로, 각 경기 규정에 적합한 모델만 사용해야 한다. 사격 의자는 휠체어나 등받이가 없는 의자를 사용하며, 규정을 준수하는지 사전 검사를 받아야 한다. 등받이 높이는 선수의 다리 길이에 따라 제한된다. 사격 재킷은 자세를 안정적으로 유지하도록 돕지만, 허벅지나 쿠션 아래로 내려오지 않아야 하며, 서거나 앉는 자세에 맞춰 길이가 측정된다. 사격 바지는 서거나 높은 받침대를 사용하는 선수에게만 허용된다.

6. 수영

1960 로마 패럴림픽에서 정식종목 채택

"집중하자, 재미있을 거야!"

수영 국가대표

조기성
@95__g.s

조기성 선수는 자신을 '당근'과 '채찍'으로 표현한다. 그는 처음 출전한 2016년 리우 패럴림픽에서 자유형 50m, 100m, 200m에서 금메달을 휩쓸며 3관왕에 올랐다. 이는 우리나라 장애인 수영 역사상 최고의 성과였다. 그러나 2021년에 열린 2020 도쿄 패럴림픽에서는 메달을 따지 못하며 아쉬움을 남겼다.

이 경험을 발판 삼아 2024년 파리 패럴림픽을 준비하면서는 마음가짐을 바꿨다. "이제는 메달을 못 따도 괜찮다는 생각이 들었다"며, 집착보다는 즐기는 마음으로 경기에 임했다고 한다. 하지만 평영 50m와 개인혼영 150m에서 각각 0.21초, 0.16초 차이로 메달을 놓쳤다. 한 끗 차이로 메달을 놓친 아쉬움을 남긴 결과였지만, 그는 마지막까지 후회 없이 경기를 즐겼다고 했다.

조기성 선수는 열세 살에 재활 치료를 위해 수영을 시작했다. 뇌병변장애로 인해 매사 소극적이었던 그가 수영을 하면서 자신감을 얻고 성격도 밝아졌다.

스무 살 때 리우 패럴림픽에서 3관왕을 차지하면서 자신감은 최고치로 높아졌지만, 이후 순위가 점차 하락했다. 결국 도쿄 패럴림픽 평영에서는 6위에 그쳤다. 실망스러운 결과였지만 좌절 대신 노력으로 다시 일어섰다. 그렇게 2023년 세계장애인수영선수권 평영 50m에서 1위를 기록하며 8년 만에 세계선수권 우승의 기쁨을 맛봤다.

조기성 선수가 파리 패럴림픽을 준비하는 5년 동안, 그의 곁에는 심리 상담가 이금진이 있었다. 이금진은 그에게 심리적으로 안정감을 주는 중요한 존재였다. 조기성 선수는 상담가가 자신의 눈빛만으로도 감정을 알아채는 것 같아 마음이 편안해진다고 말했다. 대한장애인체육회의 지원으로 이금진 상담가는 파리 패럴림픽에서도 조기성 선수와 함께하며 그의 심리 상태를 돌보았다. 큰 대회를 앞둔 선수에게 심리적 안정을 주는 것은 매우 중요한 일이었다.

이번 파리 패럴림픽에서는 그에게 또 다른 든든한 응원군이 있었다. 바로 가족이었다. 아버지와 누나가 현장에서 응원했다. 아버지가 직접 현장에서 응원하는 건 처음 있는 일이었다. 가족의 응원이 기대되면서도 낯선 상황이라 걱정되기도 했다. 하지만 국가대표로서 마지막일지도 모를 대회에서 후회 없는 경기를 하겠다는 각오를 다졌다.

그의 다짐대로 최선을 다한 경기를 펼쳤지만, 아쉽게도 메달은 한 끗 차이로 놓쳤다. 평영 50m에서는 단 0.21초, 개인혼영 150m에서는 0.16초 차이로 시상대에 오르지 못했다. 마지막으로 배영 50m 예선에 나섰지만, 결과는 14위에 그쳤다. 마지막 경기에서는 승부를 내려놓고 즐기는 마음으로 수영했다.

조기성 선수는 국가대표로서의 삶이 주는 무거운 책임감을 솔직히 털어놓았다. 리우 패럴림픽에서 3관왕에 오른 뒤 자신이 장애인 수영을 이끌어가야 한다는 부담감을 크게 느꼈다고 한다. 그런 상황에서 지난 세계선수권 우승 이후 메달 욕심이 더 커졌고, 그 부담감을 떨쳐내지 못한 것이 이번 대회의 패인이었던 것 같다고 돌아봤다.

파리 패럴림픽을 끝으로 그는 국가대표 생활을 마무리하

고 새로운 도전에 나선다. 심리 상담 공부를 시작한 것이다. 자신이 심리적 지원을 받으며 느꼈던 긍정적인 변화를 후배들에게 전하고 싶은 마음에서였다. 조기성 선수는 이제 선수로서의 경험을 바탕으로, 다른 이들에게도 같은 힘과 희망을 나누고자 한다.

심리 지원이 선수에게 얼마나 큰 변화를 줄 수 있는지 직접 경험했어요. 이제 그 경험을 바탕으로 후배들에게 도움을 주고 싶습니다.

조기성 선수는 수영과 잠시 이별을 준비하면서 언젠가 다시 물로 돌아갈 수도 있겠지만, 그때까지는 시간이 꽤 걸릴 것 같다고 담담히 말했다. 멀어졌다가 다시 가까워지기를 반복했던 수영과 이번에는 한 걸음 떨어지려 한다.

파리 패럴림픽을 준비하며 작성했던 그의 심리 카드에는 "집중하자, 재미있을 거야!"라는 문구가 적혀 있었다. 비록 원하는 결과를 얻지는 못했지만, 그는 경기를 진심으로 즐겼다고 회상했다. 이제 조기성은 또 다른 도전을 향해 천천히, 그러나 꾸준히 나아가고 있다.

수영이란?
PARA SWIMMING

● **기본정보**

수영은 1960년 로마에서 처음으로 열린 패럴림픽에서부터 선보인 종목으로, 지금까지도 가장 인기 있는 패럴림픽 종목 중 하나이다. 모든 장애 유형의 선수들이 참여할 수 있다. 간단하고 특별한 장비 없이도 진행할 수 있다는 점에서 접근성이 뛰어나다. 모든 영법은 세계장애인수영연맹 규칙과 규정을 따르고 있다.

● **스포츠 등급**

①**지체장애 등급**(S1~S10): 숫자가 작을수록 장애 정도가 심하다. S1은 가장 심한 지체장애가 있는 선수로 팔, 다리, 몸통 기능이 크게 제한된다. S10은 최소한의 장애가 있는 선수로 근력 약화나 관절 운동 범위가 약간 제한된다. 적용 종목은 자유형, 배영, 접영이다.

②**시각장애 등급**(S11~S13): S11은 완전 시각장애로 전혀 보지 못해 고글 착용 및 보조 장치가 필요하다. S12~S13은 중증에서 경미한 시각장애로, 빛 감지나 시야 좁음 등 차이가 있다.

③**지적장애 등급**(S14): 인지 능력에 제한이 있는 선수로 경기 전략 활용 등의 기술 평가를 통해 분류된다.

④**특별종목 등급**: 평영(SB)과 혼영(SM) 등 각 종목의 특성에 맞게 장애 정도를 반영하여 추가 분류한다.

● **규칙과 경기 방식**

장애 유형과 선수의 등급에 따라 출발 방식이 다르다. 선수는 풀사이드, 출발대, 물속에서 출발할 수 있으며, 이는 사전에 배정된 규정을 따른다. 물속에서 출발할 경우 한 손이 출발 신호 전까지 벽에 닿아 있어야 하며, 코치의 손을 잡는 것은 가능하지만 손을 밀어주는 건 금지된다.

시각장애 선수의 경우 보조자tapper의 도움이 허용되며, 반환점이나 결승점에 도달했을 때 보조자가 긴 막대기로 선수의 머리를 가볍게 두드려 위치를 알려준다.

● 도구와 환경

장애인 수영은 기본적으로 비장애인 수영과 동일한 규격의 풀장에서 진행된다. 특별한 장비는 사용하지 않지만, 시각장애 선수에게는 위치를 알려주는 도구가 필요하다.

7. 탁구

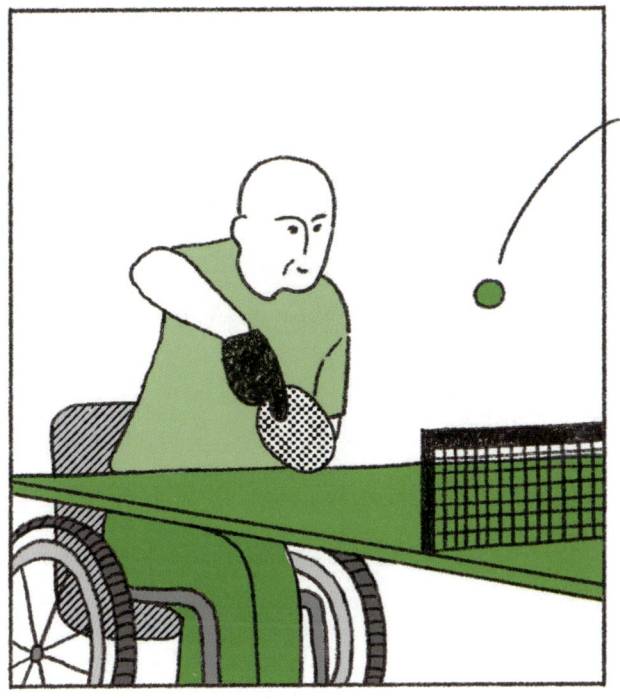

1960 로마 패럴림픽에서 정식종목 채택

> **"탁구는 제 이름을 알린
> 명함 같은 존재예요."**

탁구 국가대표

윤지유
@ji_yu1219

처음에는 단순한 취미였다. 수영도 해 봤지만, 하루 종일 물속에 있는 게 성격에 맞지 않았다. 그러던 중 탁구를 만났다. 실내에서 할 수 있고, 날씨에 영향을 받지 않는 점이 마음에 들었다.

윤지유 선수는 세 살 때 혈관 기형으로 하반신 장애가 생겼다. 하지만 열두 살 때 탁구를 시작하면서부터 사람들의 시선은 그의 다리가 아닌 손과 팔로 향했다. 노력한 만큼 실력이 눈에 띄게 늘어났고, 그 과정이 즐거웠다. 보통 국가대표로 발탁되기까지는 종목을 시작한 뒤 5~7년이 걸리지만, 윤지유 선수는 불과 2년 만에 대표팀에 이름을 올렸다. 그만큼 탁구에 대한 그의 열정과 재능이 빛을 발했다.

연습경기 하다가 지면 다시 치자고 졸랐어요. 이길 때까지 계속 쳤지요. 국내에서 언니들 이기고 국제대회에서 외국인 선수를 꺾으면 짜릿하고 기분이 좋거든요.

그는 열다섯 살에 출전한 2015년 벨기에오픈에서 첫 개인전 금메달을 거머쥐었다. 2016년 리우 패럴림픽 대표팀의 김병영 감독은 윤지유 선수에 대해 이렇게 말했다. "지유는 침착하고 차분하며 팔이 길어서 신체적 조건도 뛰어나요. 습득력도 빨라 조금만 연습해도 자기 기술로 만들어냅니다. 무엇보다 어릴 때부터 탁구를 시작해서인지 기본기가 탄탄해서 안정적이고 볼에 힘을 실을 줄 알아요."

리우 패럴림픽은 그의 첫 패럴림픽 무대였다. 서수연, 이미규와 함께 단체전에서 동메달을 따내며 최연소 국가대표로 주목받았다. 이후 5년간 실력을 갈고닦아 참가한 도쿄 패럴림픽에서는 단체전 은메달과 개인전 동메달을 목에 걸었다. 그러나 중국의 쉬주안에 계속 가로막힌 데다 어깨 부상 속에서 경기를 치러야 했던 터라 만족스럽지는 못했다. 방심과 역전패의 경험을 통해 뒷심의 중요성을 깨달았다고 말했다.

2022년 전국장애인체전에서는 3관왕에 올라 대회 최우수선수로 선정되었다. 장애인 탁구 역사상 첫 MVP 수상으로, 그의 이름은 또 한 번 기록에 남았다. "참가하는 모든 대회에서 우승하고 싶다. 그런 다음 박수받으며 은퇴하고 싶다"라고 말하는 그의 다짐은 감독과 주변 사람들에게도 깊은 인상을 남겼다. 김병영 감독은 윤지유 선수가 장애인 탁구 최초로 그랜드슬램(패럴림픽, 아시안게임, 세계선수권, 아시아선수권을 석권하는 것)을 달성할 선수라고 기대감을 드러냈다.

2022 항저우 장애인 아시안게임에서 윤지유 선수는 누구보다 빛나는 순간을 맞았다. 상대 전적에서 열세였던 중국의 쉬주안을 꺾고 단식 금메달을 차지한 것이다. 이 승리는 메달 이상의 의미를 담고 있었다. 도쿄 패럴림픽 4강전에서 쉬주안에게 패했던 그가 이를 설욕하며 이룬 값진 결과였기 때문이다. 경기가 끝난 후에도 윤지유 선수의 표정은 흔들리지 않았다. 항상 유지하던 포커페이스 너머로 스며든 뿌듯함이 그를 더욱 단단하게 만들었다.

그리고 2024년, 파리 패럴림픽 무대에 선 윤지유 선수는 또 다른 도전을 시작했다. 5천여 관중이 가득 찬 경기장은 열기로 가득했고, 그는 압박감을 떨쳐내려 애썼다. 개인전 결승에서는 크로아티아의 안델라 무지니치 빈센티치와 풀세트 접전 끝에 아쉽게 패해 은메달을 땄지만, 끝까지 최선을 다한 모습에 많은 이들이 박수를 보냈다. 경기가 끝난 뒤 그는 "다음엔 더 잘하고 싶다"며 2028년 로스앤젤레스 패럴림픽에서 다시 도전할 것을 다짐했다.

윤지유 선수는 승부욕만큼이나 학구열도 대단하다. 대학 입학시험 준비를 위해 2018 인도네시아 장애인 아시안게임 출전을 포기했다. 한국체육대학교 특수체육교육학과에 재학 중 바쁜 국제대회 일정 속에서도 학업을 포기하지 않았다. 지금은 대학 졸업반인데 대학원 진학까지 염두에 두고 있다고 한다. "제가 조금 악착같은 면이 있어요"라는 그녀의 말처럼 윤지유 선수는 공부와 탁구 모두에서 최선을 다하고 있다.

경기에서는 '호랑이'라는 별명으로 불릴 정도로 강렬한 인상을 주는 윤지유 선수이지만, 일상에서는 여느 20대와 다르지 않다. 스트레스를 풀기 위해 온라인 게임을 즐기고, 레고와 건담 조립 같은 취미 활동으로 시간을 보낸다. 주말에는 반려견 마크와 함께 산책을 즐기며 소소한 행복을 누린다.

탁구는 제 이름을 알린 명함 같은 존재예요.

그는 자신이 사랑하는 스포츠에 대한 애정을 숨기지 않는다. 파리 패럴림픽에서 원하는 금메달을 얻지 못했지만, 여전히 네트 너머를 바라보며 스매싱을 준비하고 있다. 그의 도전은 멈추지 않았다. 탁구대 너머 더 높은 곳을 꿈꾸는 윤지유 선수. 그의 열정은 오늘도 라켓을 들고 새로운 목표를 향해 뻗어가고 있다.

탁구란?
PARA TABLE TENNIS

● 기본정보

탁구는 특별한 장비 없이도 쉽게 시작할 수 있는 스포츠로, 척수 장애, 절단 장애, 뇌병변장애 등 다양한 장애가 있는 선수들이 참가한다. 선수의 신체 조건에 맞게 규칙과 도구가 조정되지만, 기본적으로 비장애인 탁구의 규칙을 따른다. 1960년 로마 패럴림픽에서 정식종목으로 채택되었다. 우리나라는 제4회 하이델베르크 패럴림픽대회에서 금메달을 획득한 이후 꾸준히 패럴림픽과 장애인 아시안게임 등 국제대회에서 좋은 성과를 내며 주목받고 있다.

● 스포츠 등급

①**1~5등급**(휠체어 사용): 휠체어를 사용하는 선수들로, 장애 정도에 따라 상체와 팔의 기능 및 균형 유지 능력에 차이가 있다.

②**6~10등급**(스탠딩 경기): 입식 경기를 하는 선수들로, 장애 정도가 경미할수록 등급이 높아지며, 전반적인 움직임이 자유롭다. 각 등급은 선수들의 공정한 경쟁을 위해 신체 기능과 장애 정도를 고려해 세분화되었다.

②**11등급**(지적장애): 공식적인 지적 장애 진단과 이를 증명하는 서류 및 테스트 결과가 필요하며, 국제 규정에 따라 경기 능력에 미치는 영향을 평가해 등급을 결정한다.

● **규칙과 경기 방식**

경기는 단식, 복식, 혼성복식으로 나뉘고, 국제탁구경기연맹 규정을 기본으로 하되, 장애 유형에 맞춘 세부 규칙이 적용된다.

휠체어 사용 경기는 선수들이 휠체어를 타고 경기에 참여한다. 공을 친 뒤 균형을 잡기 위해 탁구대에 손을 대는 것은 허용되지만, 탁구대를 지지대로 사용하는 것은 금지된다. 또한 복식 경기에서는 휠체어가 테이블 센터라인을 넘지 않아야 하며, 이를 위반하면 상대편에 1점이 주어진다.

● **도구와 환경**

휠체어를 사용하는 선수는 필요에 따라 스펀지 고무와 같은 보조 장치를 이용할 수 있으며, 휠체어는 스포츠 등급에 따라 움직임이나 안정성을 고려해 개인별로 설계된다.

8. 태권도

2020 도쿄 패럴림픽에서 정식종목 채택

"최초의 장애인 태권도 금메달은 꼭 내가 따고 싶어요."

태권도 국가대표
주정훈
@hhuunn__

어머니의 메신저 프로필 사진은 항상 형의 모습이었다. 그러나 2021년 도쿄 패럴림픽 이후, 주정훈 선수 사진으로 바뀌었다. 부모님께 자랑스러운 아들이 되고 싶었는데, 도쿄 대회 이후 조금이나마 그 바람을 이룬 것 같다고 했다.

주정훈 선수는 두 살 때 오른손을 잃었다. 부모님이 바쁜 탓에 할머니 집에서 자랐는데, 소여물 절단기에 손이 끼는 사고를 당한 것이다. 절단된 손을 찾지 못해 접합 수술도 받지 못했다. 일곱 살이 되어서야 부모님과 함께 살기 시작했지만, "엄마"라는 말을 꺼내는 데 몇 년이 걸렸다. 속마음을 털어놓지 않는 아이였다. 초등학생 시절에는 밖에서 친구들과 어울리기를 좋아해 통금 시간을 정할 정도였다.

어머니는 그를 있는 그대로 받아들였다. 신발 끈을 스스로 묶을 때까지 기다려줬고, 자전거를 타보라며 격려했다. 고등학교 3학년 때 그가 운전면허를 따고 싶다고 했을 때도 흔쾌히 허락했다. 하지만 운동으로 힘들어할 때는 운동을 그만두고 함께 가게를 하자며 부담을 덜어주려 했다. 그가 도쿄 패럴림픽에서 가장 먼저 떠올린 사람 역시 어머니였다.

주정훈 선수는 도쿄 패럴림픽에서 K44 등급(팔꿈치 아래 마비 또는 절단 장애)으로 대한민국 최초로 장애인 태권도에 출전해 동메달을 따냈다. 최초와 최고가 되고 싶다는 목표를 품었지만, 첫 경기에서 패배하며 메달 가능성이 희박해졌다. 패자부활전을 기다리면서는 기권 생각을 할 만큼 힘들었다. 하지만 다시 마음을 다잡은 덕분에 시상대에 오를 수 있었다.

2022 항저우 장애인 아시안게임에서는 무릎 부상이었음에도 금메달을 목에 걸었다. 2024년 파리 패럴림픽은 도쿄의 아쉬움을 씻을 기회였다. 그러나 세계 랭킹 2위에 오른 그는 다른 나라 선수들의 집중 견제를 받았다. 8강전에서는 왼쪽 골반 부상까지 입었다. 상대 선수의 무릎과 충돌하며

뼈와 근육 사이를 다치면서 통증이 생겼다. 4강전에서 왼쪽 다리가 제대로 올라가지 않을 정도였다. 앞서가다 결국 역전패를 당했다. 동메달 결정전도 포기하고 싶었지만, 곁에 있던 김예선 감독의 "정신 차려라!" 하는 한마디에 힘을 냈다. 화장실에서 혼자 마음을 가다듬은 뒤 경기장으로 돌아왔고, 동메달을 목에 걸었다. 도쿄에 이어 패럴림픽 두 대회 연속 메달이었다.

그는 시상식을 마친 뒤 코칭스태프의 부축을 받으며 천천히 퇴장했다. 땀으로 얼룩진 얼굴로 인터뷰를 이어가던 그는 끝내 울음을 삼키지 못했다. 8년 동안 1등만을 바라보며 달려온 시간의 무게가 고스란히 느껴졌다. 그럼에도 동메달에 감사한다는 그의 담담한 소감은 애틋함과 함께 묵직한 울림을 남겼다.

주정훈 선수가 태권도를 시작한 건 초등학교 2학년 때였다. 몸으로 노는 게 좋아서 시작했지만, 고등학교 2학년 때까지는 비장애인 선수들과 경기를 했다. 이후 태권도를 그만뒀다가 2017년에 장애인 태권도를 다시 시작했다. 경기가 끝날 때마다 그의 발등과 손등은 퉁퉁 부어 있지만, 그는 상대 발보다 팔을 부러뜨리겠다는 각오로 발차기를 했다고 한다.

그는 태권도에서 '최초의 금메달리스트'가 되고 싶다는 열망으로 하루하루를 채운다. 개인 유튜브 채널 〈긍정훈_Jeong Hun〉을 통해 자신의 일상도 공유 중이다. 대회에 나간 모습뿐만 아니라 비장애인 학생 선수들과 함께 훈련하는 영상도 올린다.

제가 비장애인 태권도를 그만뒀던 나이 또래의 아이들과 눈높이가 잘 맞아요. 함께 겨루고 한마디씩 대화를 나누는 순간들이 정말 즐겁고 소중하게 느껴져요. 태권도를 하지 않았다면 이런 삶을 누릴 수 없었을 것 같아요. 좌절하는 순간도 있지만, 매일 도전하고 성취를 쌓아가는 이 삶이 참 값지고 행복하다고 느껴져요.

그는 태권도를 매개로 장애인과 비장애인의 경계를 스스로 허물고 있다. 주정훈에게 태권도는 무엇일까.

그는 이렇게 말했다. '터닝 포인트'라고.

태권도란?
PARA TAEKWONDO

● 기본정보

태권도는 2020 도쿄 패럴림픽에서 정식종목으로 채택되었으며, 세계태권도연맹(WT)이 2009년 아제르바이잔 바쿠에서 제1회 세계장애인태권도 선수권대회를 개최하며 시작되었다. 같은 해 타이베이 데플림픽(청각장애인올림픽) 정식종목이 되면서, 이어서 2020 도쿄 패럴림픽에서 정식종목으로 채택되었다. 태권도의 경기 용어와 구령은 모두 한국어로 사용되고 있다.

초기에는 절단 장애 중심의 겨루기만 있었으나, 품새 경기가 도입되고 체계적인 등급 규칙이 적용되면서 다양한 유형의 장애가 있는 선수들이 참여할 수 있는 종목으로 확대되었다.

● **스포츠 등급**

①**K41 등급**: 양쪽 팔을 자유롭게 쓰기 어려운 선수. 발차기를 주로 사용해 경기를 진행한다.

②**K42 등급**: 팔꿈치 위쪽에 손실이 있는 선수. 발차기와 몸통 공격 중심으로 경기를 한다.

③**K43 등급**: 한쪽 팔에 심한 장애가 있는 선수. 남은 팔로 간단한 방어 기술을 활용할 수 있다.

④**K44 등급**: 한쪽 팔꿈치 아래에 손실이 있는 선수로, 발차기와 빠른 움직임으로 경기를 치른다. K44 등급 선수만 패럴림픽에 참가한다.

● **규칙과 경기 방식**

경기는 1라운드 5분 동안 진행되며, 제한된 시간 안에 더 많은 점수를 얻는 선수가 승리한다. 발 기술을 이용한 몸통 공격만 유효하다. 득점은 일반적인 몸통 공격은 2점, 몸통 회전 공격은 3점, 유효 회전 기술을 이용한 몸통 공격은 4점으로 인정된다. 상대 선수가 규정을 위반해 감점을 받을 경우에는 1점이 추가된다.

선수 보호를 위해 머리 공격, 허리 아래 부위 공격, 넘어진 선수를 공격하는 행위와 경기장을 벗어나는 행위, 고의로 경기를 지연시키는 행위 등을 하면 감점이 있다. 감점이 10회 누적되면 해당 선수는 반칙패로 처리된다. 경기 종료 후 동점일 경우에는 1분간 골든 라운드를 진행하며, 추가 득점으로 승패를 결정한다.

● 도구와 환경

장애인 태권도에서 사용되는 도구는 선수의 안전을 최우선으로 설계된다. 몸통을 보호하기 위해 호구 착용이 필수이며, 척추 부위는 공격이 금지된다. 전자 감응 양말과 센서를 통해 득점을 정확히 측정하며, 머리와 팔, 다리를 보호하기 위한 보호 장비도 사용된다.

9. 휠체어레니스

1992 바르셀로나 패럴림픽에서 정식종목 채택

> "테니스는 저에게
> 두 번째 심장을 줬어요."

휠체어테니스 국가대표

김명제
@myungje27

공을 받고 또 받고. 손바닥이 찢어지고 피가 흘렀다. 그 순간, 그는 생각했다. '나, 살아 있구나. 내 심장은 여전히 뛰고 있구나.'

신인 계약금 6억 원을 받고 2005년에 두산 베어스에 입단한 그는 유망주로서 주목받던 프로야구 선수였다. 하지만 2010년, 교통사고로 경추 골절 부상을 입으면서 마운드로 돌아갈 수 없게 되었다. 악착같이 재활에 매달렸지만, 야구공이 그렇게 무거운 것임을 처음 깨달았다.

2014년, 장애인 직업학교에 서류를 내밀며 비로소 깨달았다. 사회인으로서 나는 아무것도 아니구나. 스물일곱 나이에 경력란에 아무것도 쓸 게 없었다. 그 무렵 우연히 접한 휠체어테니스가 그의 삶을 바꾸었다. 운동을 했던 경험 덕에 빠르게 적응해 1년도 채 안 되어 국가대표가 되었고, 2018년에 열린 인도네시아 장애인 아시안게임에서는 쿼드 복식 은메달을 목에 걸었다.

하지만 한계를 느꼈다. 사고 후유증으로 오른손 엄지와 검지에 온전히 힘이 들어가지 않아 경기 때마다 손에 라켓을 쥐고 붕대를 칭칭 감았는데 가끔 피가 통하지 않았다. 경기가 길어질수록 상대가 아닌 자신의 오른팔과 싸워야만 했다. 그래서 그는 결심했다. 왼손으로 새롭게 시작하기로. 그렇게 2020년부터 손을 바꾼 그는 이제 왼손이 더 편하다고 말한다.

휠체어테니스는 장애인 스포츠 중에서도 가장 힘든 종목 중 하나로 꼽힌다. 휠체어를 조작하며 한 손으로는 라켓을 쥐고 공을 받아내야 하기 때문이다. 그는 서브를 할 때는 투수 같고, 공을 받을 때는 타자 같다고 했다.

돌이켜보면 프로야구 선수 시절, 그는 한 번도 마음 편했던 적이 없었다. 높은 기대치가 그를 짓눌렀고, 고교 시절 이후로는 그의 공이 좋다고 느껴본 적도 없다. 공황장애 약은 그때부터 먹기 시작했다. 사고가 나기 직전, 공이 원하던 곳에 정확히 꽂히며 야구에 대한 자신감이 생겼던 순간도 있었지만, 그 순간마저 사고로 잃었다.

프로야구 입단 동기들과 여전히 연락하며, 야구 데이터를 살펴보는 게 그의 작은 즐거움이다. 친구인 이원석(키움 히어로즈) 선수가 선물한 휠체어 덕에 이동이 한층 편해졌다고 자랑했다. 소박한 꿈이 하나 있다면, 두산 베어스와 SSG 랜더스의 경기에서 시구를 하는 거라고 했다. 다만 스스로에게 내건 조건이 하나 있다. 장애인 아시안게임이나 패럴림픽에서 메달을 따는 것.

휠체어테니스는 저를 다시 살려줬고, 제가 살아있음을 느끼게 해준 스포츠예요. 야구가 제 심장을 처음 뛰게 한 스포츠라면, 휠체어테니스는 저에게 두 번째 심장을 줬어요. 그래서 더 잘하고 싶고, 최선을 다하고 싶어요.

김명제 선수는 오른손으로 꿈꾸던 세계를 잃었지만, 왼손으로 새로운 세계의 문을 열었다. 심장이 다시 뛰는 것을 느끼며, 마운드 대신 코트에서, 두 발 대신 두 바퀴로 삶의 불꽃을 태웠다.

그는 최근 또 다른 변신을 시도하고 있다. 이번에는 사격 선수로의 도전이다. 아직 총이 낯설지만, 휠체어테니스를 시작할 때도 그랬듯이 시간이 지나면 곧 익숙해질 것이라 믿는다. 심장 박동 소리를 느끼며 그는 다시금 생각한다. '아, 나는 살아 있구나.'

휠체어테니스란?
WHEELCHAIR TENNIS

● **기본정보**

휠체어테니스는 하지장애가 있는 선수들이 휠체어를 타고 경기하는 스포츠다. 1980년 미국에서 전미휠체어테니스재단이 만들어진 뒤, 1988 서울 패럴림픽에서 시범 종목으로 처음 선보였다. 이후 1992 바르셀로나 패럴림픽에서 정식종목으로 채택되면서 전 세계로 퍼졌다. 우리나라에서는 1993년 대한장애인테니스협회가 설립되며 널리 알려지기 시작했다.

● **스포츠 등급**

휠체어테니스는 장애등급 대신 경기 수준으로 나뉜다.

①**오픈**(Open): 한 다리 또는 두 다리 기능에 최소장애기준 이상의 영구적인 장애가 있는 선수. 남녀 경기가 따로 있다.

②**퀴드**(Quad): 사지 중 세 곳 이상 장애가 있는 선수들이 남

녀 구분 없이 참가하는 혼성 경기이다. 손 기능이 제한된 선수도 라켓을 고정하거나 전동 휠체어를 사용해 참여할 수 있다.

● **규칙과 경기 방식**

휠체어테니스는 비장애인 테니스와 대부분의 규칙이 같지만, 몇 가지 차이점이 있다. 공이 지면에서 두 번 튀는 것이 허용되며, 두 번째 바운드는 코트 바깥에서도 인정된다. 서브를 할 때는 휠체어 뒷바퀴가 베이스라인을 넘지 않아야 하며, 이를 위반하면 '휠 폴트'로 처리된다.

경기는 단식과 복식으로 나뉘며, 득점 방식은 비장애인 테니스와 동일하다. 4포인트를 먼저 얻으면 1게임을 이기며, 6게임을 먼저 획득하면 1세트를 승리한다. 3세트를 먼저 이긴 선수가 경기를 승리로 끝낸다. 라켓 외에 휠체어나 신체 일부가 공에 닿으면 포인트를 잃는다.

● **도구와 환경**

휠체어테니스에서 사용하는 장비와 환경은 선수들이 편리하게 움직이고 경기를 펼칠 수 있도록 설계되어 있다. 경기는 주로 하드코트에서 이루어지며, 코트 표면은 휠체어가 원활히 이동할 수 있도록 관리된다.

경기용 휠체어는 방향 전환과 속도 조절이 쉬운 수동 휠체어를 사용하며, 바퀴에 18~22도의 기울기를 적용해 안정성을 높인다. 일부 쿼드 선수는 전동 휠체어를 사용할 수 있다. 라켓은 손 기능이 제한된 선수를 위해 손에 고정할 수 있는 장치를 사용할 수 있다.

10. 휠체어펜싱

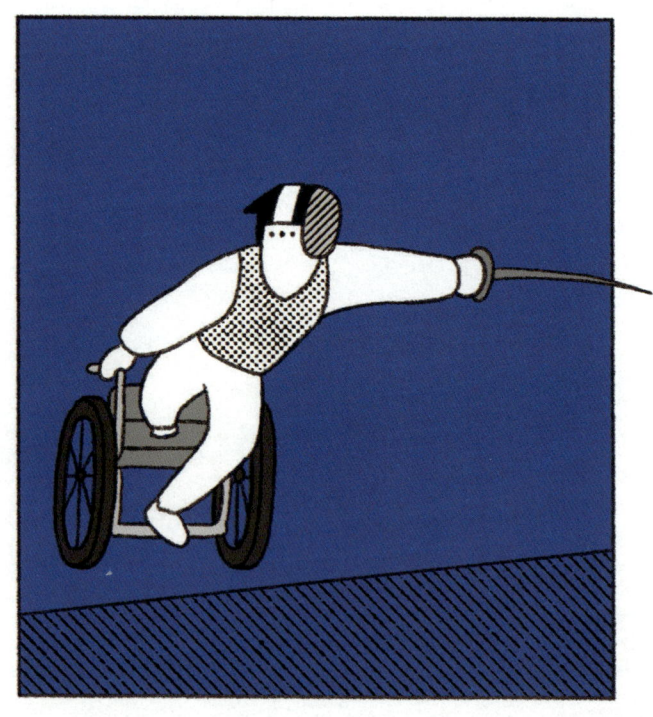

1960 로마 패럴림픽에서 정식종목 채택

> "그냥 한번 움직여 봤으면 좋겠어요.
> 가만히 있으면 아무것도 못 잡으니까요."

휠체어펜싱 국가대표
권효경

　권효경 선수는 어릴 적 그림을 그렸고, 이후 육상을 시작했다. 뛰니까 숨이 차서 힘들었지만, 꾸준히 하다 보니 체력이 좋아지고, 승부욕도 생겼다고 했다. 그러다 열여섯 살 때 지인의 소개로 휠체어펜싱을 알게 되었다. 안 해 보고 후회하는 것보다 해 보고 후회하는 게 낫겠다는 마음으로 칼을 잡았다. 잡고 찌르는 느낌이 좋았고, 상대의 빈틈을 노려 점수를 낼 때 쾌감이 느껴졌다고 했다.

　생후 6개월에 뇌병변장애 판정을 받은 그는 미술과 육상을 거쳐 2016년 휠체어펜싱을 시작했다. 휠체어펜싱은 하체를 고정한 상태에서 상체만으로 경기를 진행하기에, 순간적인 스피드와 고도의 심리전이 필수적이다. 권효경 선수의 주종목은 에페다. 상체 모두가 유효 타깃이고, 어느 선수든 먼저 찌르면 득점이 된다.

특유의 순발력과 적극적인 플레이는 그의 강점이다. 휠체어 위에서도 활발히 몸을 움직이며 공격을 주도하는 그의 에너지는 많은 이들에게 영감을 준다. 박규화 감독은 긍정적 사고와 밝은 에너지가 그의 강점이라고 평가한다.

권효경 선수는 가족과 떨어져 소속팀이 있는 홍성군에서 혼자 지낸다. 마음에 응어리가 생기면 바로 엄마에게 전화를 한다. 세 살 위 언니도, 쌍둥이 동생도 모두 그의 든든한 응원군이다. 슬럼프에 빠질 때면 애니메이션 〈마녀 배달부 키키〉를 본다. 키키가 평소 잘 타던 빗자루를 타지 못해 힘들어하는 모습을 보면서, 키키의 감정에 이입해 해답을 찾고 용기를 얻는다. 물론 지금은 슬럼프도 곧 지나간다고 믿을 만큼 단단해졌다. 좌우명이 '재밌게 하자' '즐기는 자가 이긴다'라며 슬럼프 따위 대수롭지 않다며 어깨를 으쓱 들어 올린다.

2024년 파리 패럴림픽은 그의 도전 무대였다. 우리나라 휠체어펜싱은 1988년 서울 패럴림픽에서 금메달 3개와 은메달 1개를 따냈다. 이후 1996년 애틀랜타 대회에서 동메달

1개를 따낸 뒤 지금껏 패럴림픽 메달이 없었다. 그런데 권효경 선수가 파리에서 은메달을 목에 걸며 그 긴 침묵을 깼다. 우리나라 휠체어펜싱에 28년 만에 메달을 안겨줬다. 게다가 은메달은 무려 36년 만이다. 패럴림픽 첫 출전에서 이뤄낸 쾌거였다.

그는 결승전을 마치고 환하게 웃었다. 패럴림픽 첫 메달이자 상상도 못 했던 메달이라며 기쁨을 감추지 않았다. 다음 패럴림픽에 한 번 더 나가고 싶다며, 메달을 더 따고 싶다고 했다. 사브르와 플뢰레에서는 아쉬움이 있었지만, 후회 없이 즐겁게 경기했다고 말했다.

펜싱을 하다 보니까 별일을 다 겪게 되더라고요. 그러면서 마음도 좀 넓어지고, 제 세상도 더 커진 것 같아요. 그래서 펜싱은 제 인생에서 또 다른 첫걸음인 것 같아요. 운동을 좋아한다면 장애 상관없이 그냥 한번 움직여 봤으면 좋겠어요. 가만히 있으면 기회도 안 생기고 아무것도 못 잡으니까요.

권효경은 움직였고, 당당히 패럴림픽 은메달을 움켜쥐었

다. 그 기회는 물론 권효경 선수, 스스로 잡은 것이었다. 펜싱은 스물두 살 그의 오른팔에 많은 상처를 남겼다. 장애가 있는 손을 휠체어에 고정하고, 상체를 끊임없이 움직여야 했기 때문이다.

권효경 선수는 '나비 검객'으로 불린다. 왼팔에 새긴 작은 나비 문신 때문이다. 나비 문신은 새로운 시작과 변화를 의미한다. 그가 그려나갈 또 다른 비상을 예고하는 듯하다.

> **"장애인이건 비장애인이건 체력이 좋아야
> 삶의 질도 좋아질 테니까요."**

휠체어펜싱 국가대표
조은혜
@grace_jjoeh

2017년 개봉한 영화 〈범죄도시〉 엔딩 크레딧에는 분장팀장으로 이름을 올린 '조은혜'가 있다. 이 외에도 〈은밀하게 위대하게〉, 〈굿바이 싱글〉 등 여러 작품에서 분장팀으로 활약했던 그는 미용 도구를 능숙하게 다루던 전문가였다. 하지만 한순간의 낙상 사고로 척수가 손상되면서 하반신이 마비되었고, 그에게 새로운 삶이 시작되었다.

2018년, 병원에서 재활 치료를 받던 중 그는 스포츠 뉴스에서 우연히 휠체어펜싱 경기를 보게 되었다. 하얀 유니폼에 치마처럼 생긴 에이프런을 입은 선수들의 모습은 우아하면서도 강렬했다. 그 장면이 마음을 움직였고, 그는 곧바로 장애인펜싱협회에 연락해 휠체어펜싱을 시작했다.

그의 선택은 쉬운 길이 아니었다. 사고 이전에는 바쁜 직장생활 속에서 웨이트트레이닝 정도만 가볍게 하던 그였다. "다치고 몇 달 뒤, 의사 선생님이 '이제 걷는 건 힘들다'라고 했을 때 막막했어요. 하지만 운동은 반드시 해야겠다는 생각이 들었어요. 장애인이건 비장애인이건 체력이 좋아야 삶의 질도 좋아질 테니까요."

처음에는 몸이 너무 말랐다며 주위에서 걱정하기도 했다. 하지만 170cm의 큰 키와 긴 팔, 왼손잡이라는 신체적 장점이 휠체어펜싱에 유리했다. 첫 대회에서는 상대에게 압도적으로 패하며 좌절했지만, 오기가 생겼다. 그는 이를 악물고 더 열심히 훈련했고, 두 번째 대회에서는 당당히 3위를 차지했다.

이때 처음 승부욕을 느꼈어요. 저에게 승부욕이 있는지 몰랐는데, 피스트 위에서 하염없이 찔리고 나니까 불쑥 튀어나오더라고요. 장애가 생긴 뒤 자존감이 많이 떨어졌는데, 휠체어펜싱 선수 생활을 하면서 많이 회복했어요. 휠체어펜싱은 지금 제 인생 전부예요.

그는 꾸준히 실력을 키워갔고, 2022 항저우 장애인 아시안게임에서는 동메달 두 개를 목에 걸었다. 이어 전국장애인체전에서는 3관왕에 오르며 자신의 존재감을 확실히 각인시켰다. 박다영 휠체어펜싱 감독은 그를 팔이 길고 스피드가 빠른, 휠체어펜싱에 최적화된 선수로 평가했다.

조은혜 선수는 2024 파리 패럴림픽에 출전하면서 애국가가 파리에 울려 퍼지게 하고 싶다는 각오를 다졌지만, 동메달 결정전에서 강적인 이탈리아의 베아트리체 비오에게 완패했다. 비오는 양팔과 양다리를 모두 잃은 선수지만, 다섯 살 때부터 펜싱을 배워 탄탄한 기본기로 리우와 도쿄 패럴림픽에서 연이어 금메달을 딴 강자였다. 그는 동메달 결정전에서 힘 한번 제대로 못 써보고 졌다.

경기 뒤 하염없이 눈물을 흘린 조은혜 선수는 "아쉬움과 함께 제가 너무 하고 싶은 동작들과 기술들이 잘 안 나오다 보니까 저 자신한테 너무 속상했고, 갈 길이 멀구나 하는 생각이 들었다"라고 말했다. 그래도 꺾이지는 않았다. 다음번에는 더 좋은 경기력으로 무대에 서고 싶다고 각오를 밝혔다. 패럴림픽에서는 메달을 놓쳤지만, 그는 이를 새로운 출발점으로 삼았다.

조은혜 선수는 상상도 하지 못했던 삶을 살고 있다고 했다. 사고 이전에는 다른 사람을 빛나게 하기 위해 애썼던 그가, 이제는 오롯이 자신을 위해 휠체어 위에서 칼을 휘두르는 삶을 살고 있다니. 그의 손에는 새로운 도전을 향한 다짐과 열정이 담겨 있다. 이제 조은혜 선수는 또 다른 패럴림픽 무대를 향해 칼끝을 겨누며 나아가고 있다.

휠체어펜싱이란?
WHEELCHAIR FENCING

● **기본정보**

휠체어펜싱은 1960년 로마 패럴림픽에서 정식종목으로 처음 채택된 후 꾸준히 발전해 왔다. 유럽을 중심으로 활성화되었으며, 1988년 서울 패럴림픽을 계기로 아시아로도 확대되었다.

척수장애, 절단 장애, 기타 장애가 있는 선수들이 참여하며, 플뢰레, 에페, 사브르의 세 가지 종목으로 구성된다. 비장애인 펜싱과 달리 휠체어를 프레임에 고정한 상태로 진행되며, 상체와 팔의 움직임만으로 경기가 이루어진다.

● **스포츠 등급**

①**A등급**: 앉아서 균형을 잘 잡을 수 있으며, 검을 사용하는 팔에 불편이 없는 선수.

②**B등급**: 앉아서 균형 잡기가 어려우며, 하반신 마비로 척

수 손상이 있는 선수.

● 규칙과 경기 방식

휠체어펜싱 경기는 두 대의 휠체어를 가로 4m, 세로 1.5m 크기의 프레임(고정 장치)에 고정한 상태에서 진행된다. 휠체어는 110도의 각도로 고정되며, 두 선수 간의 거리는 팔과 검의 길이를 측정해 짧은 쪽에 맞춘다.

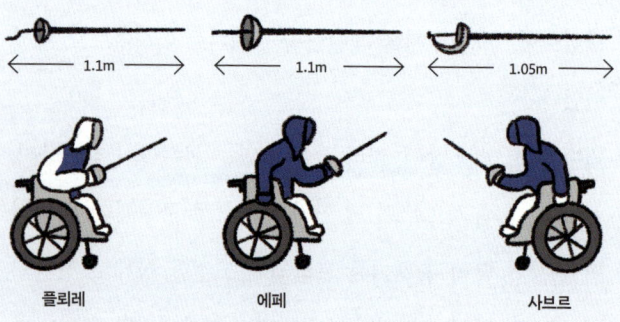

경기 방식은 종목별로 다르다. 플뢰레는 몸통과 목이 유효 타격 부위로, 찌르기를 통해 점수를 얻으며 공격과 수비 규칙이 있다. 에페는 상체 전체가 유효 타격 부위로, 공격과 수비 규칙 없이 먼저 찌른 선수가 점수를 얻으며 동시타도 인정된다. 사브르는 손을 제외한 상반신이 유효 타격 부위로, 찌르기와 베기가 모두 가능하며 공격과 수비 규칙이 적용된다.

경기는 개인전과 단체전으로 나뉜다. 개인전은 3분씩 3회전으로 이루어지며, 먼저 15점을 획득한 선수가 승리한다. 단체전은 9라운드로 진행되며, 팀당 최대 4명(주전 3명, 후보 1명)이 출전한다. 45점을 먼저 얻는 팀이 승리하며, 단체전에는 B등급 선수가 최소 1명 포함되어야 한다.

경기 중 휠체어 방석에서 엉덩이가 뜨거나 발이 풋레스트에서 벗어나면 경고를 받으며, 휠체어에서 떨어지거나 발이 땅에 닿아도 경고가 주어진다(고정장치 결함은 제외).

● **도구와 환경**

휠체어펜싱에서 사용하는 장비와 환경은 선수들의 편의와 안전을 최우선으로 설계된다. 경기용 휠체어는 프레임에 110도의 각도로 고정되어 방향 전환과 안정성을 확보한다. 선수들이 사용하는 검과 메탈 재킷은 비장애인 펜싱과 동일한 장비를 사용한다.

11. 육상

1960 로마 패럴림픽에서 정식종목 채택

> **"아이들한테 뭘 가르쳐줄까 고민하다가,
> 내가 직접 보여줘야겠다 생각했어요."**

육상 국가대표
윤경찬

윤경찬 선수는 어릴 때부터 몸으로 하는 모든 것을 좋아했다. 축구 선수로 뛰었을 정도였다.

육상 단거리 대표 선발을 앞두고 있던, 여름방학을 일주일 남겨둔 어느 날, 그의 꿈은 산산이 부서졌다. 친구들과 인라인스케이트를 타던 중 맨 앞에서 달리던 윤경찬 선수는 트럭과 부딪쳤다. 처음에는 팔만 다쳤나 싶었지만, 척추뼈가 심하게 손상되었다는 사실이 밝혀졌다. 병원에서 넉 달을 보내는 동안은 회복을 기대했지만, 재활 기간이 길어지면서 점차 깨달았다. '이건 일어서기 위한 재활이 아니라, 살아가기 위한 재활이구나.'

그렇게 그는 열세 살 때부터 휠체어를 타기 시작했다. 다행히 함께 인라인을 탔던 친구들이 든든한 버팀목이 되어 주었다. 중학교와 고등학교를 거치는 동안 친구들은 늘 그의 곁에 있었다. 울산에서 열린 전국장애인체전에 친구들이 찾아와 응원했다. 이 대회에서 3관왕에 오르고 최우수선수(MVP)로 선정되었다. 아마 친구들의 응원 소리도 한몫했을 것이다.

휠체어 육상은 장애인 스포츠 중에서도 가장 힘든 종목 중 하나로 꼽힌다. 휠체어를 끊임없이 굴려야 하는 강인한 체력이 필요하다. 고등학교 2학년 때부터 휠체어 육상을 시작해 한국체육대학교 특수교육학과에 입학한 후에도 계속 운동을 이어갔지만, 2013년 대학 졸업 후에는 한동안 운동을 쉬었다. 그러던 중 박정호 감독의 권유로 다시 트랙 위로 돌아왔다. 7년의 공백이 있었음에도 그의 성장 속도는 빨랐다. 운동을 다시 시작한 지 1년 만에 10m 기록을 1초 단축했다. 지는 걸 싫어하는 그의 성격 덕분이기도 했다.

윤경찬 선수가 운동을 다시 시작한 이유는 아이들 때문이었다. 그는 임용고시에 합격해 아이들을 가르치고 있는 특수체육교사이기도 하다.

비장애인 선생님들이랑은 다른 경험들이 저한테는 있거든요. 교단에서 아이들한테 뭘 가르쳐줄까 고민하다가, 아, 내가 직접 보여줘야겠다 생각했어요.

낮에는 안산교육지원청 소속 교사로 일하고, 저녁에는 훈련하는 '직업이 따로 있는 운동선수'로 생활한다. 국가대표 신분으로 선수촌에서 체계적인 훈련을 받을 수도 있었지만, 교사 일을 병행하며 제한된 환경에서 훈련 효과를 최대화하려 노력하고 있다. 평일 저녁에는 2시간씩 집중훈련을 하고, 주말에도 시간을 쪼개 훈련에 임한다. 이렇게 7개월 정도 준비한 끝에 체전에 나가 좋은 성과를 냈다. 하지만 그는 여전히 부족하다며 겸손하게 말했다.

대회 참가를 위해 휴가를 사용하면서 교육청 동료들에게 미안한 마음도 들었고, 체전 이후 밀린 일들을 처리하느라 밤낮없이 바빴지만 그럼에도 최선을 다한 경험에서 보람을 느꼈다. 하지만 휠체어 육상이 얼마나 힘든 운동인지 묻자, 그는 단호하게 말했다. 다시 선택하라고 하면 하지 않을 것 같다고 말이다. 그럼에도 그는 자신에게 약속한 목표가 있다. 2028년 로스앤젤레스 패럴림픽까지는 달릴 거라는, 그

이후에는 선생님 역할에 집중하겠다는.

비록 2024년 파리 패럴림픽에는 참가하지 못했지만, 그의 꿈은 이어진다. 어린 시절 축구 국가대표를 꿈꾸던 윤경찬 선수는 이제 휠체어 육상 국가대표로, 체육계에 새로운 패러다임을 제시하며 힘차게 날갯짓하고 있다.

육상이란?
PARA ATHLETICS

● 기본정보

장애인 육상은 비장애인 육상 경기의 규칙을 장애인 선수에게 맞게 조정한 스포츠다. 이 종목은 1952년 영국 스토크 맨더빌 병원에서 2차 세계대전 참전 군인을 대상으로 열린 휠체어 경주에서 시작되었다. 이후 발전을 거듭하여 1960년 이탈리아 로마에서 열린 제1회 하계 패럴림픽에서 정식종목으로 채택되었다. 장애 유형에 따라 다양한 예외 규정이 적용되며, 모든 유형의 장애가 있는 선수들이 참여할 수 있다.

● 스포츠 등급

①T/F11~13(시각장애): 장애 정도가 심할수록 숫자가 작아지며, 11은 전맹으로 가이드 러너가 필요하다. 12는 저시력으로 가이드 러너를 선택할 수 있으며, 13은 저시력(경미한 시각장애)으로 독립적으로 경기에 참여한다.

②T/F20(지적장애): 지적장애가 있는 선수들로, 특별한 보조 없이 경기에 참여한다.

③T/F31~38(뇌변병장애): 뇌변병장애로 신체 움직임에 제한이 있는 선수들이 포함되며, 31~34는 휠체어를 사용하는 선수, 35~38은 서서 경기할 수 있는 선수들로 나뉜다.

④T/F40~41(저신장장애): 신체 크기와 팔다리 비율에 따라 분류된 등급으로, 저신장 장애가 있는 선수들이 포함된다.

⑤T/F42~44(하지장애): 의족을 사용하지 않는 다리에 장애가 있는 선수들이 해당된다.

⑥T/F45~47(상지장애): 팔이나 손에 장애가 있는 선수들이 포함된다.

⑦T/F51~58(척수장애): 척수 손상으로 휠체어를 사용하는 선수들이 포함되며, T51~54는 트랙 경기 등급이고, F51~58은 투척 종목에서 팔과 손 기능에 따라 세부적으로 나뉜다.

⑧T/F61~64(하지장애): 의족을 사용하는, 다리에 장애가 있는 선수들이 해당된다.

※T는 트랙 종목, F는 필드 종목을 의미한다.

● **규칙과 경기 방식**

①**트랙 경기**: 100m, 200m, 400m, 800m, 1,500m, 5,000m 그리고 마라톤(42.195km), 유니버설 릴레이 등 다양한 거리에서 경기가 이루어진다. 휠체어 레이스에서는 출발 시 휠체어의 앞바퀴가 출발선 또는 그 전방 지면에 닿아서는 안 된다. 릴레이 경기에서는 두 개의 인접한 코스 중 하나를 선택해 달릴 수 있다.

②**필드 경기**: 원반던지기, 창던지기, 포환던지기, 높이뛰기, 멀리뛰기가 포함된다. 휠체어를 사용하는 투척 경기는 서클 앞쪽 상반부로부터 약 1m 떨어진 바닥에 금속 말뚝으로 휠체어를 고정한 상태에서 진행된다.

※장애 유형과 스포츠 등급에 따라 이벤트가 다르다.

● **도구와 환경**

장애인 육상 경기에 사용되는 도구와 환경은 선수들의 장애 유형에 맞게 최적화되어 있다. 휠체어는 트랙 경기용과 필드 경기용으로 구분되는데, 트랙용 휠체어는 속도와 민첩성을 강조해 설계되고, 필드용 휠체어는 안정성을 중점으로 제작된다. 창, 원반, 포환과 같은 투척 장비는 선수의 신체 능력과 경기 조건에 따라 크기와 중량이 조정된다. 경기장은 비장애인 육상 트랙과 동일한 규격을 가지며, 필드 경기장은 휠체어 이동과 장비 사용이 용이하도록 설계되어 있다.

12. 휠체어농구

1960 로마 패럴림픽에서 정식종목 채택

> "밖으로 나올 수 있는
> 용기 하나만 있으면 됩니다."

휠체어농구 국가대표
최요한
@yohan8970

순식간에 벌어진 사고였다. 이후 다리가 움직이지 않았다. 병원에서는 "다시 걸을 수도 있다"라고 했지만, 희망은 갈수록 옅어졌다. 점점 '다시는 걸을 수 없겠구나'라는 생각이 깊어졌다. 그때가 2008년 5월이었다. 미국에서 5년 동안 어렵게 고등학교와 대학교 공부를 이어가며 스포츠 관련 일을 꿈꿨지만, 이 꿈도 산산조각이 났다. 그래도 스포츠만큼은 놓을 수 없었다. 농구공을 다시 잡았고, 코트에서 두 발이 아닌 두 바퀴로 내달리며 요동치는 심장은 여전함을 느꼈다. 이 이야기는 휠체어농구 선수 최요한의 이야기이다.

2011년, 고양 홀트 휠체어농구단에 처음 들어왔을 때 그는 구석에서 말없이 공만 튀기던 사람이었다. 재활 병원 생활은 견딜 만했지만, 세상 밖으로 나오자 현실의 벽은 훨씬 더 높고 단단했다. 농구단에서도 처음에는 낯가림이 심해 말 한마디조차 어려웠다. 그런 그가 이제는 팀의 주장까지 맡았다.

2014년에는 인천 장애인 아시안게임에서 휠체어농구 국가대표로 선발되어 금메달을 목에 걸었다. 그는 자기 실력이 그렇게 뛰어나지 않았다며, 운 좋게 대표팀 12명 안에 들어갔다고 겸손하게 말했다. 대표팀 유니폼을 볼 때마다 가슴이 벅차올랐지만, 선수 생활은 길게 이어지지 못했다. 낮에는 생업을 이어가야 했기 때문이었다. 그는 낮에는 홀트일산요양원에서 사회재활교사로 일하고, 저녁 시간과 주말에는 휠체어농구 연습을 이어갔다.

홀트 휠체어농구단은 1987년, 장애인 재활을 목적으로 만들어졌다. 넉넉하지 않은 환경에서 선수들이 고군분투하며 팀을 이어갔다. 최요한 선수는 12년 전부터 지금까지 여전히 막내였고, 한때 12~13명이던 선수단은 실업팀으로 이적하거나 은퇴하면서 경기 출전 최소 인원인 5명만 남게 되었다. 부상이 생기면 경기를 치르기조차 어려웠다.

그러던 2023년 말, 최요한 선수는 인생에서 가장 큰 결정을 내렸다. 살면서 이렇게 깊이 고민한 적이 없었다고 회상했다. 그리고 결국 팀을 옮겼다.

고양홀트에 있으면 정년까지 일할 수 있는 안정된 직업이 보장된 길이 있었습니다. 하지만 저는 '우물 안 개구리' 같다고 느꼈습니다. 지금에 안주하며 남 탓, 팀 탓, 그리고 제 자신을 탓하는 모습을 발견했지요. 더 늦기 전에 휠체어농구를 더 배우고 싶다는 생각이 들었고, 그래서 결심했습니다.

2024년 초, 그는 실업팀 춘천 타이거즈로 이적했다. 고양홀트에서는 일과 농구를 병행했지만, 춘천장애인체육회 소속의 춘천 타이거즈는 전적으로 운동에만 집중하는 팀이었다. 그는 리그 '1승'을 목표로 했던 팀에서 리그 '1위'를 바라보는 팀으로 옮겼다. 다행히 고양홀트에서 춘천 타이거즈로 먼저 이적한 선배들이 있어 적응에 큰 어려움은 없었다.

춘천 타이거즈는 국내 선수 10명과 외국인 선수 1명을 포함해 총 11명의 선수로 구성되어 있다. 고양홀트에서는 선수 부족으로 주전으로 활약했지만, 선수층이 두꺼운 춘천 타이거즈에서는 현재 식스맨으로 뛰고 있다. 그는 춘천 타이거즈에서 자신의 장단점을 점차 명확히 알아가고 있다. 스피드는 느리지만, 신장이 좋고 체력도 우수했다. 새로운 플레이를 익히는 과정에서 혼란스러울 때도 있지만, 휠체어농구를 점점 더 알아가는 재미에 빠져 있다.

최요한 선수에게 휠체어농구는 멈췄던 심장을 다시 뛰게 해준 새로운 시작이었다. 휠체어농구를 통해 일반 휠체어로는 할 수 없는 움직임을 경험하며, 장애의 한계를 벗어나 자유롭게 움직이고 스피드의 짜릿함을 느낀다.

저 같은 후천적 장애인들이 제발 젊음을 집에서 낭비하지 않았으면 해요. 밖으로 나올 용기 하나만 있으면 됩니다. 코트 안에서 후련한 자유를 한번 느껴보면 좋겠어요.

팀을 옮기며 '리셋'된 그의 휠체어농구 바퀴는 오늘도 열심히 코트를 누빈다. 태극마크에 대한 열망도 되살아났다. 그는 2028년 로스앤젤레스 패럴림픽 본선 진출의 꿈을 품고, 힘차게 공을 튀기며 앞으로 나아가고 있다.

휠체어농구란?
WHEELCHAIR BASKETBALL

● 기본정보

휠체어농구는 하반신을 사용할 수 없는 선수들이 휠체어를 타고 경기를 펼치는 스포츠다. 1945년 루드비히 구트만 박사가 척수 손상 환자의 재활을 위해 고안했으며, 1949년 미국에서 휠체어농구협회가 설립되면서 본격적으로 스포츠로 자리 잡았다. 1960년 로마 패럴림픽에서 정식종목으로 채택되었다.

우리나라는 1984년 삼육재활원 휠체어농구팀 창단을 시작으로 1985년 전국장애인체육대회에서 휠체어농구 시범 경기가 열렸다. 현재 6개 팀이 활동 중이다. 휠체어농구는 비장애인 농구의 규칙을 기본으로 하면서도 휠체어 사용에 맞춘 독특한 규정을 포함한다.

● 스포츠 등급

국제휠체어농구연맹의 규정에 따라 등급이 나뉜다.

①1.0~4.5 등급: 숫자가 낮을수록 장애 정도가 심하며, 1.0은 가장 중한 장애가 있는 선수, 4.5는 상대적으로 경미한 장애가 있는 선수로 구분한다.

②팀 등급 합산: 경기에 출전하는 5명의 스포츠 등급 총점은 14점을 넘을 수 없다.

● 규칙과 경기 방식

휠체어농구는 비장애인 농구 규칙을 바탕으로 하지만, 휠체어 사용에 맞춰 몇 가지 차이가 있다. 가장 큰 차이점은 쿼터 시간으로, 비장애인 농구의 쿼터당 12분에 비해 휠체어농구는 쿼터당 10분으로 진행된다.

득점 방식은 비장애인 농구와 동일하게 필드골은 2점(2점 라인 안) 또는 3점(3점 라인 밖), 자유투는 1점이 주어진다. 휠체어농구에서는 더블 드리블 규정이 적용되지 않으며, 공을 가진 상태에서 휠체어를 3회 이상 밀면 파울이다. 휠체어와 관련된 특별 규정이 추가되어 휠체어가 경기 중 선수의 일부로 간주된다. 슛 동작 중 파울 시 자유투가 주어지며, 슛

이 성공했을 경우 1회의 자유투, 실패했을 경우 2회의 자유투를 던진다. 또한 팀 파울은 쿼터당 4개로 제한된다.

● **도구와 환경**

휠체어농구에서 사용하는 장비와 환경은 선수들의 경기력을 높이고 안전을 보장하기 위해 설계된다. 경기용 휠체어는 방향 전환과 안정성을 고려해 특별히 제작되며, 시트에는 하나의 쿠션만 사용할 수 있다. 이 쿠션의 두께는 최대 10cm로 제한되며 3.5등급 이상의 선수는 5cm 이하로 제한된다. 경기장은 비장애인 농구 코트와 동일한 규격을 사용하지만 휠체어 이동에 적합하도록 표면이 관리된다. 공과 림 등 기타 장비는 비장애인 농구와 동일한 것을 사용한다.

13. 트라이애슬론

2016 리우 패럴림픽에서 정식종목 채택

"밖으로 나오세요!"

트라이애슬론 국가대표
김황태
@para_tkd_tri

    김진희 씨는 의자에 앉아 도로를 계속 주시했다. '이번엔 맞겠지?' 하고 생각했지만 다른 선수였다. 다시 또 그림자가 보였지만, 역시 아니었다. 얼굴에는 점점 초조함이 묻어났고, 혹여 중간에 무슨 일이 생겼을까 싶어 마음을 졸였다. 멀리서 또 다른 그림자가 나타났다. 이번엔 맞았다. 남편 김황태 선수였다.

    김황태 선수는 사이클에서 내려 아내의 도움을 받으며 의수를 빼고 신발을 갈아 신었다. 그리고 다시 힘차게 달리기 시작했다. 안 다치고 무사히 완주하는 게 꿈이라던 그의 바람은 그렇게 이루어졌다. 그의 손과 발끝에는 늘 아내의 손길이 함께였다. 2024 파리 패럴림픽 트라이애슬론 남자 경기 현장, 프랑스 파리 알렉상드르 3세 다리 부근에서의 모습이다.

트라이애슬론은 수영 750m, 사이클 20km, 달리기 5km 코스를 합산한 기록으로 순위를 정하는 경기다. 김황태 선수는 이날 1시간 24분 1초로 완주하며 11명 중 10위를 기록했다. 세계 유일의 두 팔 없는 트라이애슬론 선수인 그는 도전 자체가 특별했다.

두 팔이 없는 그는 수영에서 큰 핸디캡을 갖고 있었다. 유속이 강한 센강에서 자유형과 평영만으로는 어려워 약 70%를 배영으로 소화해야 했다. 허벅지에 무리가 가는 바람에 이후 사이클과 달리기에도 영향을 미쳤다. 수영 기록은 24분 58초로 참가 선수 중 가장 느렸다.

사이클에서도 난관은 이어졌다. 손잡이에 연결된 보조 의수가 전날 고쳤음에도 불안정했다. 울퉁불퉁한 코스 탓에 속도를 내는 데 한계가 있었다. 그래도 35분 29초, 7위의 기록으로 선전했다. 마지막 달리기에서는 21분 19초, 5위로 가장 좋은 기록을 냈지만, 수영에서 벌어진 격차를 좁히기에는 역부족이었다. 그의 목표는 순위가 아니었다. 완주 그 자체가 꿈이었다.

트라이애슬론은 종목을 바꿀 때마다 의수를 빼고 옷을 갈아입어야 해서 경기 보조원인 '핸들러'가 필요하다. 이 역할을 그의 아내 김진희 씨가 맡았다. 그는 자신의 팔이 되어주고, 손이 되어준 아내에게 고마움과 사랑을 잊지 않았다. 아내 김진희 씨 또한 다치지 않고 완주한 남편을 향해 뿌듯함과 애틋함을 숨기지 않았다.

김황태 선수는 2000년, 전선 작업 중 감전 사고로 두 팔을 잃었다. 당시 스물세 살. 절망 속에서 한동안 술에 의지했지만, 이대로 무너질 수 없다는 생각에 2001년 겨울부터 달리기 시작했다. 2002년 마라톤 풀코스를 완주하며 새로운 희망을 찾았다.

그의 패럴림픽 도전은 2015년에 본격적으로 시작됐다. 전국장애인체전에서 육상 10km 종목에 출전한 것을 계기로 2018 평창 동계 패럴림픽 때는 노르딕스키 상비군에 발탁됐지만, 부상으로 좌절을 맛봤다. 이후 태권도로 다시 도전했지만, 김황태 선수의 스포츠 등급 이벤트가 개최되지 않아 또 한 번 출전이 무산됐다.

그는 자기 인생에 패럴림픽은 없는가보다 생각했지만, 함께 운동하던 오상미 선수가 트라이애슬론에 도전해보라는 말에 다시 불꽃이 피어올랐다. 세계 유일의 두 팔 없는 트라이애슬론 선수가 그렇게 탄생했다.

 김황태 선수는 중증장애가 있지만 극한의 스포츠에 도전해 완주했다. 자신을 보고 다른 많은 장애인들이 용기를 얻었으면 좋겠다며, 자신의 도전이 작은 희망이 되기를 바랐다. 그의 메시지는 간결했다.

 밖으로 나오세요!

 뜻밖의 사고는 그의 두 팔을 앗아갔지만, 그의 열정을 꺾을 수는 없었다. 김황태 선수에게 불가능은 없다. 그것이 트라이애슬론이어도 말이다.

트라이애슬론이란?
PARA TRIATHLON

● 기본정보

트라이애슬론은 수영, 사이클, 달리기 세 종목을 연속으로 진행하는 경기를 장애인 선수들이 참여할 수 있도록 변형한 패럴림픽 스포츠다. 2016년 리우 패럴림픽에서 정식종목으로 처음 채택되었으며, 올림픽의 절반 거리인 스프린트 코스(수영 750m, 사이클 20km, 달리기 5km)로 치러진다.
트라이애슬론은 선수들의 장애 유형에 맞춰 장비를 개조하거나 맞춤형 보조기구를 사용하는 등 다양한 방식으로 진행된다. 경기 중 종목을 전환하는 '바꿈터'에서 빠르게 종목을 전환해 시간을 단축하는 것이 중요한 전략적 요소다.

● 스포츠 등급

① **휠체어 등급**(PTWC): 하반신 마비 또는 다리 기능이 제한된 선수들로, 핸드 사이클과 레이싱 휠체어를 사용한다.

②**지체장애 등급**(PTS): 절단, 뇌성마비 등 근육 손상으로 장애가 있는 선수들로, 신체에 맞게 개조된 자전거를 사용한다. 사이클과 달리기는 의족을 사용할 수 있고 수영은 맨몸으로 수행한다.

③**시각장애 등급**(PTVI): 전맹부터 저시력을 포함하며, 안전을 위해 가이드(조력자)와 함께 경기에 참여한다.

● 규칙과 경기 방식

경기는 수영, 사이클, 달리기 순서로 진행되며, 세 종목의 기록을 합산해 순위를 결정한다. 수영에서는 선수들이 지정된 코스를 따라야 하며 출발과 턴을 할 때 바닥에 닿는 것이 허용되지만, 부력을 돕거나 추진을 위한 장치는 사용할 수 없다. 사이클 종목에서는 선수의 장애 유형에 따라 맞춤형 자전거를 이용한다. 달리기에서는 휠체어를 사용하는 선수들이 레이싱 휠체어를 사용하며, 시각장애 선수의 경우, 가이드와 함께 수영과 달리기에서는 안전줄로 연결되고, 사이클에서는 탠덤사이클로 경기를 한다.

● **도구와 환경**

핸드사이클　　　　로드사이클　　　　　탠덤사이클

트라이애슬론에 사용되는 장비는 선수들의 장애 유형에 맞춰 설계되거나 개조된 것이 특징이다. 하반신 마비 선수들은 손으로 페달을 돌려 이동할 수 있는 핸드사이클을 사용한다. 달리기 종목에서는 속도와 안정성을 고려해 제작된 3바퀴 구조의 레이싱 휠체어를 이용한다. 시각장애 선수와 가이드가 함께 사용하는 2인용 자전거는 탠덤사이클이라 불리며, 이들의 협력을 돕는다. 수영은 야외나 실내 수영장에서, 사이클과 달리기는 도로에서 이루어진다. 모든 코스는 장애인 선수들의 이동 편의와 안전을 최우선으로 고려해 설계된다.

14. 역도

1964 도쿄 패럴림픽에서 정식종목 채택

> **"불가능하다고 하는 걸 해내는 게
> 진짜 스포츠 선수라고 생각해요."**

역도 국가대표
김규호
@pilssalgi

  1985년이었다. 덜컥, 버스 교통사고가 났다. 그는 오른쪽 다리를 잃었다. 그때 나이 고작 네 살이었다. 사고 상황은 기억나지 않았지만, 부모님이 많이 슬퍼하셨던 모습은 생생했다. 다리는 잃었지만, 그의 꿈만큼은 여기서 꺾일 수 없었다.

  김규호 선수는 공부와 운동 모두 포기하지 않았다. 대학에서는 컴퓨터공학을 전공했지만 적성에 맞지 않아 자퇴했다. 그래도 학사 학위는 결국 취득했다. 2009년에는 절단장애인협회의 소개로 장애인 조정을 시작했지만, 1년 만에 그만뒀다. 이후 헬스장에서 운동하던 중, 신체 특성상 역도가 적합하다는 권유를 받고 취미 삼아 시작하게 되었다.

  2012년, 김규호 선수는 장애인 특별전형으로 우리은행에 입사해 금융정보팀 등에서 일하며 경제적으로 안정된 삶을 살았다. 같은 시기, 아내 김은주 씨를 만나 가정을 꾸렸고, 2013년부터는 본격적으로 역도에 도전하며 선수의 길을 걷기 시작했다. 직장과 운동을 병행하기란 쉽지 않았지만, 무거운 역기를 들어 올릴 때 느끼는 성취감은 그 어떤 어려움도 견디게 해줬다.

그러던 2021년 10월, 그는 퇴사를 결심했다. 안정적인 직장을 그만둔다는 그의 선택에 가족과 동료들은 만류했다. 하지만 자신의 꿈인 패럴림픽 출전을 포기할 수 없었다. 당시 12월에 열리는 조지아 트빌리시 월드컵은 파리 패럴림픽 출전을 위해 꼭 참가해야 하는 대회였고, 연차만으로는 참가가 어려웠기 때문이다.

결국, 꿈을 위해 결단을 내렸다. 퇴사하고 평택시청 소속 실업팀에 입단해 운동에 전념했다. 그 노력은 결실을 맺었다. 2023년에 장애인 역도에서 200kg을 들어 올렸다. 이는 국내 체중 100kg 이하 장애인 선수로서는 역대 네 번째로 높은 기록이었다. 같은 해 두바이 장애인 파워리프팅 월드컵에서 5위를 차지하며 파리 패럴림픽 출전권을 따냈다.

2024년 9월 7일, 그는 마침내 꿈의 무대에 섰다. 파리 패럴림픽 남자 역도 -80kg급에 출전한 김규호는 1차 시기에서 202kg을 성공적으로 들어 올리며 개인 최고 기록을 가뿐히 넘어섰다. 2차 시기에 207kg에 도전했으나 실패했다. 3차 시기에는 216kg이라는 도전적인 무게를 신청했다. 지금까지 한 번도 시도해보지 못한 무게였다. 온 힘을 다해 역기를 들어 올렸지만, 아쉽게도 팔꿈치를 완전히 펴지 못했다.

경기 후 그는, 컨디션이 매우 좋아서 기적이 일어날 수도 있을 거라 생각했는데 아직은 내가 부족한 것 같다며 겸손하게 소감을 전했다. 그러나 그는 포기하지 않았다.

남들이 불가능하다고 하는 걸 해내는 게 진짜 스포츠 선수라고 생각해요. 오늘 경기 덕분에 제가 더 성장할 수 있다는 확신이 생겼어요. 곧 220kg을 넘길 거고, 다음 패럴림픽에서는 꼭 시상대에 오를 거예요.

김규호 선수는 오늘도 하늘을 향해 역기를 들어 올린다. 그 무게는 단지 쇳덩이가 아니다. 삶과 열정, 그리고 사랑하는 가족들의 응원이 함께 실려 있다. 도전은 멈추지 않는다.

역도란?
PARA POWERLIFTING

● **기본정보**

장애인 역도는 비장애인 역도 경기의 규칙을 장애인 선수에 맞게 조정한 종목이다. 하체를 사용할 수 없는 선수들이 벤치에 누운 상태에서 최대 중량을 들어 올린다. 처음에는 절단 장애인만을 대상으로 했으나 점차 모든 신체장애인으로 확대되었다.

1964년 도쿄 패럴림픽에서 정식종목으로 채택되었다. 우리나라는 1984년 뉴욕-스토크맨더빌 패럴림픽과 1986년 인도네시아 수라카르타에서 열린 아시아태평양장애인경기대회를 시작으로 패럴림픽과 장애인 아시안게임 등에 꾸준히 참가해 메달 획득을 하고 있다. 패럴림픽에서 3회를 제패한 선수를 포함하여 여러 선수가 세계 기록을 보유하고 있다.

● 스포츠 등급

다양한 장애 유형을 가진 선수들이 참여할 수 있도록 설계되었다. 주요 참가 대상은 척수장애, 절단 및 기타 장애, 그리고 뇌병변장애가 있는 선수들이다. 선수들은 장애 정도와 체중에 따라 등급이 세분화되며, 공정한 경쟁을 위해 성별과 체중별로 나뉘어 경기가 진행된다.

체급 분류: 남자와 여자로 나뉘며, 각각 10개 체급으로 구성된다. 예를 들어 남자는 -49kg, -54kg, -59kg 등으로 체급이 나뉘며, 여자는 -41kg, -45kg, -50kg 등으로 세분화된다.

● 규칙과 경기 방식

경기는 라운드 방식으로 진행되며, 선수들에게 각 세 번의 기회가 주어진다. 본래 장애인 역도에는 데드리프트$^{dead\ lift}$, 벤치프레스$^{bench\ press}$, 스쿼트^{squat} 세 가지 종목이 있지만, 패럴림픽에서는 벤치에 드러누워 역기를 올렸다 내리는 '벤치프레스'만 진행된다.

선수는 머리, 몸통(엉덩이를 포함), 다리, 그리고 양 뒤꿈치를 벤치에 안정적으로 고정한 상태에서 동작을 시작한다. 바를

잡을 때 양손 간격은 81cm를 넘지 않아야 하며, 이 규정은 모든 선수에게 동일하게 적용된다. 주심의 신호에 따라 바를 가슴까지 내린 뒤, 심판이 충분히 멈춤을 인지할 수 있도록 정지한 뒤 위로 들어 올린다. 이 과정에서 정확한 자세와 안정된 동작이 요구되며, 심판은 이를 기준으로 성공 여부를 판정한다.

● **도구와 환경**

비장애인 역도가 선 채로 진행되는 것과 달리, 장애인 역도는 벤치에 누운 상태에서 경기가 이루어진다. 이는 척수장애나 절단 장애가 있는 선수들이 안전하고 효율적으로 경기에 임할 수 있도록 고안된 방식이다. 바와 중량은 국제 규격에 맞춰 사용되며, 모든 선수에게 동일한 조건이 적용된다. 비장애인 역도와 같은 장비를 사용한다.

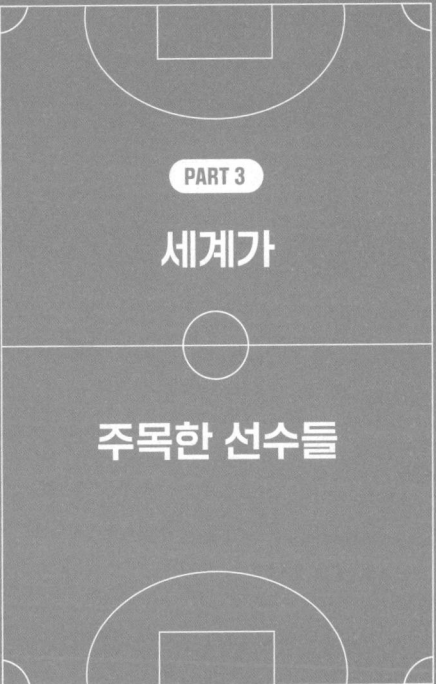

PART 3

세계가

주목한 선수들

브라질 수영 선수
가브리엘지뉴 Gabriel Geraldo dos Santos Araujo

"나는 날 수 없어
물속에서 앞으로 나아가요."

2024 파리 패럴림픽 폐막식 연설에서 토니 에스탕게 파리올림픽 조직위원장은 한 외국인 선수를 언급했다. 대회 기간 프랑스 시민을 열광시킨 브라질의 수영 선수 가브리엘지뉴였다.

"가브리엘지뉴가 금메달 3개를 따내며 열기를 더했을 때, 그는 우리가 차이를 바라보는 방식을 완전히 바꿨습니다. 그리고 모든 장애인들에게 강렬한 메시지를 전했죠. '스포츠는 바로 당신들을 위한 것입니다.' 그의 모습은 패럴림픽

혁명이 더 많은 지지를 얻는 데 큰 힘이 되었습니다."

이전까지 가브리엘지뉴는 브라질에서만 패럴림픽 영웅이었다. 그러나 파리 패럴림픽이 끝난 뒤, 그는 전 세계적인 영웅이 되었다. 전설적인 브라질 축구 선수 펠레에 빗대 '풀장의 펠레'라는 별명도 얻었다.

가브리엘지뉴는 팔다리가 발달하지 않는 해표상지증을 안고 2002년 태어났다. 그의 어머니는 임신 5개월에 아들의 장애를 알게 된 후, 아이를 잘 키우기 위해 미리 공부를 했다. 부모는 그가 평범한 어린 시절을 보내길 바랐고, 아주 어릴 적부터 수영장에 데려간 것도 그런 이유였다. 네다섯 살이 되었을 때, 가브리엘은 팔이 없는데도 수영을 잘하는 아이로 성장했다. 그의 어머니는 이를 '신의 선물'이라 표현했다.

가브리엘지뉴는 2015년 열세 살의 나이에 학교 수영 대회에 나갔다. 선생님이 부모와 상의 없이 출전시켰지만, 결과는 놀라웠다. 그는 메달 5개를 목에 걸며 승리의 기쁨을 처음 맛봤고, 이후 수영을 멈추지 않았다. 매주 6일 수영과 함께 허리, 복부, 골반 근육 훈련에 매진하며 물살을 갈랐다.

열아홉 살에 출전한 도쿄 패럴림픽에서는 금메달 2개와

은메달 1개를 따냈다. 두 팔이 없어 스트로크를 할 수는 없지만, 그는 강한 출발과 돌핀킥으로 압도적인 레이스를 펼쳤다. 대회 직전 사랑하는 할아버지가 세상을 떠나는 아픔도 겪었지만, 그는 경기에만 집중했다. 할아버지가 할머니 옆 특별한 자리에서 나를 지켜보고 있다고 생각하며 경기에 임했다고 말했다.

파리 패럴림픽에서는 더 놀라운 성과를 거두었다. 그는 남자 배영 50m, 배영 100m, 자유형 200m(이상 스포츠등급 S2)에서 금메달 3개를 따냈다. 경기마다 그가 보여준 자신감 넘치는 세리머니는 관중들의 환호를 불러일으켰다. 시상식에서는 노래에 맞춰 춤을 추었고, 물밖에서는 수영장의 물을 뿜어내며 기쁨을 표현했다. 특히 자유형 200m 결승에서는 불리한 신체 조건을 극복하고 다양한 영법을 구사하며 '로켓맨'이라는 별명을 얻었다.

로켓은 날개가 없죠. 저도 두 팔이 없지만 로켓처럼 빠릅니다. 다만 나는 날 수 없어 물속에서 앞으로 나아가요.

파리 시민들의 열렬한 응원은 그에게 특별한 기억으로

남을 것이다. 평소 입으로 음식을 먹고 발가락으로 전동칫솔을 사용하는 가브리엘지뉴는 매일의 어려움을 극복하며 더 강해지고 있다. "매일 맞닥뜨리는 장애물이 저를 더 단단하게 만듭니다"라는 그의 말처럼, '로켓맨'의 도전은 계속되고 있다.

아프가니스탄 출신 난민 태권도 선수
자키아 쿠다다디 Zakia Khudadadi

**"태권도를 하지 않았다면
아무도 저를 몰랐을 거예요."**

아프가니스탄 출신의 자키아 쿠다다디는 왼쪽 팔꿈치 아래가 없는 선천성 장애를 안고 태어났다. 어렸을 적에는 운동이 자유로웠다. 2001년 수니파 무장 단체 탈레반이 미국 주도 연합군에 의해 몰락하면서 여성들의 스포츠 참여가 가능해졌기 때문이다. 과거 탈레반이 아프가니스탄을 통치하던 5년 동안 여성들은 교육과 취업 기회를 빼앗겼고, 전신을 가리는 부르카 없이는 외출조차 할 수 없었다.

쿠다다디는 아홉 살 때부터 태권도를 시작했다. 아프가니스탄 최초의 올림픽 메달리스트 로훌라 니크파이(2008년 베이징·2012년 런던 올림픽 태권도 동메달)는 그에게 강력한 동기 부여가 되었다. 그러나 탈레반이 여전히 일부 지역을 통치하던 당시, 쿠다다디의 태권도 연습은 집 앞마당에서 이루어질 수밖에 없었다.

어려운 환경 속에서도 그는 두각을 나타냈다. 2016년 이집트에서 열린 아프리카 장애인 태권도선수권대회에서 우승하며 실력을 입증했고, 2021년 도쿄 패럴림픽에 와일드카드로 출전할 자격도 얻었다. 이를 위해 부모 곁을 떠나 카불로 이동해 패럴림픽 준비에 몰두했다. 하지만 아프가니스탄의 정치 상황이 급변했다.

2021년, 탈레반이 20년 만에 카불을 장악하며 아프가니스탄의 패럴림픽 참가 자체가 불가능해졌다. 카불 공항이 폐쇄되면서 선수들 역시 출국할 수 없게 되었고, 결국 아프가니스탄은 도쿄 패럴림픽 불참을 결정했다. 쿠다다디는 이 소식에 좌절하지 않고, 자신의 SNS를 통해 전 세계에 도움을 호소했다.

아프가니스탄의 여성으로서, 그리고 이 나라의 여성 대

표로서 도쿄 패럴림픽에 출전하고 싶습니다. 저에게 손을 내밀어 도와주세요. 전 세계 여성의 권리를 보호하는 모든 단체와 각국 정부에 부탁드립니다. 우리의 권리가 빼앗기지 않도록 도와주세요. 저희는 어려운 상황에서도 싸워왔습니다. 이 결과를 당신들에게 보여주고 싶습니다. 노력이 헛되지 않도록 도와주세요.

쿠다다디의 간절한 목소리는 국제패럴림픽위원회와 여러 단체의 주목을 받았다. 특히 세계태권도연맹의 조정원 총재가 이끄는 네트워크가 그의 탈출을 도왔다.

쿠다다디는 호주 공군의 지원으로 카불을 탈출해 아랍에미리트 두바이, 프랑스 파리를 거쳐 일본 도쿄에 도착했다. 대회 하루 전날 도쿄에 도착했기에 컨디션이 최상이 아니었고, 메달 획득은 실패했다. 그러나 그의 용기는 전 세계에 깊은 영감을 주었다.

도쿄 패럴림픽 이후 쿠다다디는 프랑스에 정착했다. 프랑스태권도협회의 지원 아래 훈련을 이어갔고, 프랑스 대표팀으로 국제 대회에 출전하며 유럽선수권에서 우승하는 성과를 거두었다. 쿠다다디는 프랑스의 도움을 받았던 당시를 떠올리며 프랑스군이 내 목숨을 살려줬고, 훈련 지원도 아낌없이 해줬다고 말했다.

2024년 파리 패럴림픽에서는 난민 선수단 소속으로 출전했다. 경기장에서 그는 프랑스 시민들의 뜨거운 환호를 받으며 K44 여자 47kg 패자부활전에서 튀르키예의 에킨시 누르지한을 꺾고 동메달을 획득했다. 이는 난민 대표팀의 첫 메달이자, 아프가니스탄과 전 세계 난민들에게 큰 울림을 주는 결과였다.

경기 뒤 그는 관중석에 있던 가족들을 향해 손을 흔들며 "어머니와 아버지가 파리에 오셨다, 그리고 많은 아프가니스탄인이 응원해줬다, 그 힘으로 메달을 딴 것 같다"라고 소감을 밝혔다. 이어 그는 "전 세계의 모든 난민에게 희망 자유 평화를 따르라는 메시지가 전해지길 바란다, 오늘날 아프가니스탄의 여성과 소녀들의 삶은 쉽지 않다, 탈레반이 여전히 아프가니스탄을 통치하고 있기 때문이다. 이 메달이 그들에게 삶의 희망이 되기를 바란다"라고 말했다.

태권도는 제 삶에 마술 같은 존재예요. 태권도를 하지 않았다면 아무도 저를 몰랐을 거예요. 제 인생의 전부나 다름 없어요.

쿠다다디에게 태권도는 단순한 스포츠가 아니었다. 자유를 잃은 나라에서 탈출해 꿈을 이뤄낸 쿠다다디. 그는 여전히 태권도로 세상과 맞서고 있다. 그의 시선은 이제 2028년 로스앤젤레스 패럴림픽을 향하고 있다.

미국 메이저리그 야구 선수
짐 애벗 ^{Jim Abbott}

"장애는 목표를 이루기 위한
하나의 관문일 뿐이에요."

    패럴림픽에는 시각장애인 축구, 휠체어농구, 좌식 배구, 골볼 등의 구기 종목이 있지만 야구는 포함되지 않는다. 그러나 장애인 선수가 올림픽 야구 경기에 출전한 사례가 있다. 1988년 서울 올림픽 당시, 야구가 정식 종목이 아닌 시범 종목으로 열렸을 때의 이야기다. 미국 대표팀의 짐 애벗은 일본과의 결승전에 선발 등판해 9이닝 동안 7피안타 3실점으로 완투하며 미국의 승리를 이끌어 금메달을 목에 걸었다.

애벗은 선천적으로 오른손 없이 태어났다. 하지만 어릴 적부터 스포츠에 대한 열정이 남달랐다. 그의 부모는 손을 쓸 필요가 없는 축구를 권했으나, 그는 다른 동네 아이들처럼 치고, 달리고, 던질 수 있는 야구를 택했다. 애벗은 한 손으로 야구를 하기 위해 끊임없이 노력했다. 몇 시간 동안 벽돌 벽에 고무 공을 던지고 받으며 반사 신경을 길렀고, 그의 아버지는 공을 던진 후 재빨리 글러브를 끼울 수 있도록 도왔다. 반복된 훈련 끝에 그는 벽에 점점 가까이 다가가며 더 빠른 글러브 전환 기술을 익혔다.

고교 시절, 상대 팀은 애벗의 약점을 집요하게 공략했다. 한 경기에서는 여덟 타자가 연속으로 번트를 대기도 했지만, 결과적으로 단 한 명만이 1루에서 살아남았고, 나머지 7명은 모두 아웃됐다. 이런 경험은 애벗을 더 강하게 만들었다. 1985년, 메이저리그 신인드래프트에서 토론토 블루제이스로부터 36라운드에 지명됐지만, 그는 계약을 거부하고 미시간주립대학으로 진학했다. 당시 그의 낮은 지명 순위에 대해 그는 "스카우트들이 내 장애에만 관심을 보여 불쾌했다"라고 말했다.

애벗은 1987년 미국 최고의 아마추어 선수에게 수여되는 제임스 E. 설리번 상을 받았는데, 야구 선수로는 최초의 수상자였다. 그의 등번호 31번은 미시간주립대에서 영구 결번으로 지정됐다. 이후, 1988년 메이저리그 드래프트에서 1라운드 전체 8순위로 LA 에인절스에 지명되었고, 마이너리그를 거치지 않고 곧바로 빅리그에 입성한 역사상 15번째 사례로 기록됐다.

그는 데뷔 첫해에 12승 12패, 평균자책점 3.92의 준수한 성적을 거두며 가능성을 입증했다. 이후 1990년에는 200이닝, 1991년에는 243이닝을 던지며 그해 사이영상 투표에서 3위를 기록했다. 1992년에는 평균자책점 2.77이라는 뛰어난 성적을 남겼지만, 빈약한 타선 지원으로 7승 15패에 그쳤다. 1993년 뉴욕 양키스로 이적한 그는 노히트노런을 기록하며 양키스 투수 역사상 7번째 대기록을 세웠다.

애벗은 1999년 밀워키 브루어스에서 은퇴하기까지 10시즌 동안 메이저리그에서 263경기에 출전해 1674이닝을 던지며 83승 108패, 평균자책점 4.25를 기록했다. 도루 허용이 많았다는 약점이 있었지만, 원정 경기마다 장애 어린이들을 만나는 것을 잊지 않았다.

모든 희망이 없어질 때까지 불가능한 일은 없다고 믿어야 해요. 장애는 목표를 이루기 위한 하나의 관문일 뿐이에요.

야구장으로 갈 때 손이 아닌 꿈을 보았다는 애벗의 말처럼, 그는 자신의 한계를 넘어서며 꿈을 이뤄냈다. 그는 말했다. 인생의 상황이 변명의 이유가 되어선 안 된다고. 우리는 빼앗긴 것이 아닌 주어진 것에 초점을 맞춰야 한다고.

| 에필로그 |

"왜 패럴림픽은
올림픽처럼 안 해요?"

도쿄 패럴림픽 때의 일이다. 텔레비전 채널을 돌려보던 아들이 고개를 갸우뚱했다. "엄마, 이상해요." 아들의 의문은 단순했다. 패럴림픽 중계를 하는 채널이 한 곳밖에 없다는 것이었다. "왜 패럴림픽은 올림픽처럼 안 해요? 너무 차별 아니에요?" 중학생이었던 아들은 평소 올림픽에 큰 관심이 없었다. 어떤 종목이 있는지도 잘 모르는 아이였다. 하지만 그의 눈에도 이 차별은 분명히 보였다.

2021년 도쿄 올림픽 기간 동안 지상파 3사는 같은 경기를 여러 번 중계할 정도로 올림픽에 몰두했지만, 패럴림픽 기간에는 거의 방관에 가까운 태도를 보였다. 시청률이나 광고 수익을 이유로 들겠지만, 장애인 스포츠에 대한 방송 노출의 중요성을 생각하면 안타까운 일이었다. 마치 패럴림픽이 열리고 있다는 사실조차 희미하게 느껴질 정도였다.

브리티시컬럼비아대학교가 2010년 밴쿠버 동계 패럴림픽을 앞두고 진행한 설문조사에 따르면, 캐나다인의 약 32~40%가 패럴림픽 스포츠에 대한 인식이 높아졌다고 답했다. 또한 응답자의 약 23%는 패럴림픽을 보고 장애인 고용에 긍정적인 태도를 갖게 되었다고 밝혔다. 실제로 2018년 영국에서는 장애인 고용률이 2012년 런던 패럴림픽 이전보다 약 100만 명 증가했다. 이는 패럴림픽 개최와 방송 노출이 사회적 인식 변화를 가져오는 데 큰 역할을 한다는 증거다.

장애 아이들에게도 패럴림픽 방송은 큰 의미를 가진다. 2012 런던 패럴림픽 이후 영국에서는 장애 어린이들의 스포츠 참여율이 크게 늘었다는 BBC의 보도도 있었다. 우리나라는 주니어 장애인 선수의 수가 여전히 적다. 많은 장애 아이들이 외부 활동을 꺼리고 집에만 머무르려 하기 때문이다. 반면, 주변의 격려로 스포츠를 시작한 아이들은 누구보다 열정적으로 새로운 꿈을 키워가기도 한다.

임호원(테니스)이 그랬고, 정겨울(배드민턴)도 그러했다. 수영 영웅 조기성 역시 어린 시절 대인기피증으로 방 안에서만 시간을 보냈지만, 수영을 통해 자신을 극복하고 세계 정상급 선수로 거듭났다. 서수연은 의료 사고로 절망에 빠졌다가 탁구라는 희망의 매개체를 통해 세상과 맞설 용기를 얻었다. 만약 이들의 도전과 열정을 더 많은 어린이들이 TV를 통해 접할 수 있었다면, 조금 더 마음의 문을 열고 세상과 만나는 용기를 얻지 않았을까.

이처럼 패럴림픽 중계의 부족은 장애인을 바라보는 우리 사회의 인식이 방송에 투영된 결과일지도 모른다. 무관심하거나 방관적인 태도가 올림픽과 패럴림픽을 대하는 차이를 만들어낸 것이다. 올림픽 축구는 지상파 3사가 동시에 중계했지만, 휠체어농구는 녹화 중계조차 제대로 이루어지지 않았다. 더 안타까운 것은 우리 아들처럼 이를 "이상하다"고 언급조차 하지 않는 지금의 현실이다.

띵동. 초등학생인 둘째의 온라인 알리미가 떴다. 장애 인식 개선의 연장선에서 패럴림픽 유래와 종목, 그리고 시청 방법 등을 담은 알림이었다. 학교 교육에서는 아이들에게 장애와 비장애의 벽을 허물어 함께하는 건강한 사회를 추구하라고 가르친다. 하지만 방송사는 장애와 비장애에 대해 지금껏 그래 왔듯 차별의 장벽을 세운다. 손에 라켓을 칭칭

동여매고 경기 내내 스매싱을 이어간 끝에 승리의 가쁜 숨을 몰아쉬며 비로소 입으로 붕대를 풀던 주영대 선수의 모습은 볼 수 있는 사람만 봤던 터다.

그로부터 3년이 흘러 열린 2024 파리 패럴림픽에서도 상황은 크게 달라지지 않았다. 지상파 방송사들은 생중계를 외면했고, KBS 정도만 자체 유튜브를 통해 생중계를 제공했다. 그러나 이런 현실을 이상하다고 느끼지 않는 우리가 오히려 더 이상한 건 아닐까. 패럴림픽은 단지 장애인 스포츠 축제를 넘어, 우리 사회가 함께 나아가야 할 방향을 보여주는 중요한 축제다. 이를 제대로 바라보고 함께 즐길 준비를 하는 것, 그 출발점은 더 많은 사람들에게 이 경기를 보여주는 것일 테다.

패럴림픽 중계의 현실은 나라별로 큰 차이를 보인다. 전 세계적으로 수많은 스포츠 채널이 있지만, 패럴림픽 경기를 다루는 경우는 여전히 드물다. 특히 우리나라와 외국 사례를 비교해보면, 패럴림픽 중계에 대한 관심과 노력이 얼마나 다른지 분명히 드러난다.

우리나라는 패럴림픽 중계가 현저히 부족하다. 주요 방송사들이 올림픽 경기는 실시간으로 중계하고, 재방송도 여러 번 하지만, 패럴림픽 중계는 거의 하지 않거나 일부 경기에만 국한되는 경우가 많다. 시청률과 광고 수익 문제를 이유로 패럴림픽을 외면하는 현실은 장애인 스포츠에 대한 사회적 관심 부족을 단적으로 보여준다. 도쿄 패럴림픽 당시, 주요 방송사들이 패럴림픽을 거의 다루지 않아 TV만 본다면 패럴림픽이 열리고 있다는 사실조차 알기 어려운 상황이었다. 이는 패럴림픽이 올림픽과 동등한 스포츠 이벤트로 인정받지 못하고 있음을 보여주는 안타까운 예이다.

반면, 외국에서는 패럴림픽 중계에 더 큰 비중을 두는 사례가 많다. 특히 영국의 경우, BBC와 같은 공영 방송사는 패럴림픽 경기를 적극적으로 중계하며 대대적인 홍보를 통해 장애인 스포츠의 가치를 널리 알렸다. 2012년 런던 패럴림픽이 그 전환점이 되었는데, 이 대회를 계기로 영국 사회 전반에서 장애인 스포츠에 대한 인식이 크게 바뀌었다.

미국도 NBC와 같은 대형 방송사가 패럴림픽 중계에 투자하며, 다양한 디지털 플랫폼을 통해 실시간 경기를 제공한다. 이를 통해 더 많은 사람들이 쉽게 패럴림픽 경기를 접할 수 있도록 노력하고 있다. 이처럼 외국에서는 패럴림픽을 올림픽만큼 중요한 스포츠 이벤트로 다루는 반면, 우리나라에서는 여전히 관심과 지원이 아쉬운 상황이다.

패럴림픽 중계의 미비함은 단순히 스포츠 방송의 문제가 아니다. 이는 장애인에 대한 사회적 인식과 직결되는 문제다. 더 많은 사람들이 패럴림픽을 볼 수 있어야 장애인 스포츠에 대한 관심이 높아지고, 선수들의 노력과 열정이 세상에 널리 알려질 수 있다.

우리나라도 외국의 사례를 참고해 패럴림픽 중계에 더 많은 자원과 노력을 투자해야 한다. 이는 단순히 장애인 스포츠를 알리는 것을 넘어, 우리 사회가 장애와 비장애의 경계를 허물고 더 나은 방향으로 나아갈 수 있는 계기가 될 것이다. 올림픽의 영광스러운 순간들을 끊임없이 보여주듯이, 패럴림픽의 감동적인 순간들도 텔레비전에서 질릴 만큼 볼 수 있는 날이 오기를 바란다. 그것이 과연 너무 큰 바람일까?

그림 김푸른

뜨개질과 자전거 타기를 좋아하는 일러스트레이터. 최근엔 농구에 발을 살짝 들였다. 일상의 즐거움을 나누고 싶어 그림을 그린다. 아티스트 커뮤니티 아크(AC)에서 일러스트레이션을 공부했고, 창작 모임 사파(SAPA)에서 친구들과 만화를 만들고 있다. 《달빛초등학교 귀신부》, 《상우가 없었다면》, 《우리 곁에 있어야 할 법 이야기》, 《지금부터 하면 돼!》, 《내가 만드는 사전》 등에 그림을 그렸다.

**올림픽이 끝나면
패럴림픽이 시작됩니다**

ⓒ 2025 김양희

초판발행 2025년 1월 24일
지은이 김양희
그림 김푸른
펴낸곳 다정한책
펴낸이 노현주
출판등록 제2023-000131호
전자우편 booksloveyou@naver.com
팩스 0502-263-1540
ISBN 979-11-990979-0-2 03330

• 이 책은 2024년 문화체육관광부의 '중소출판사 성장부문 제작 지원' 사업의 지원을 받아 제작되었습니다.
• 이 책은 한국여성기자협회의 후원을 받아 저술·출판 되었습니다.
• 이 책의 전부 또는 일부 내용을 재사용하려면 저작권자와 출판사의 사전 동의를 받아야 합니다.
• 잘못된 책은 구입하신 서점에서 바꾸어 드립니다.
• 책값은 뒤표지에 표시되어 있습니다.